Herrn Dr. Lutz Ahlswede
danke ich für seine Unterstützung
und kompetente Fachberatung

ALEXANDRA STUPPERICH

HANDBUCH
Pferdeweide

Pflege · Nutzung
Weide-Management

KOSMOS

Mit 35 Farbfotos von Dr. Jürgen Bartz, Stuttgart (S. 103), Klara Decker, Glonn (S. 81), Hans D. Dossenbach, CH-Schlatt (S. 129), Thomas Höller, Kollmarsreute (S. 11), Sabine Küpper, Mülheim (S. 31, S. 75, S. 121), Lothar Lenz, Cochem (S. 26, S. 35, S. 53, S. 94, S. 95, S. 107), Manfred Pforr, Langenpreising (S. 36), Julia Rau, Mainz (S. 117), Christof Salata, Esslingen (S. 5 oben, S. 5 unten, S. 6), Diasuke Schneider, Reutlingen (S. 91, S. 100), Edgar Schöpal, Düsseldorf (S. 1, S. 9, S. 17, S. 33, S. 97, S. 104, S. 119, S. 125), Sabine Stuewer, Darmstadt (S. 90), Alexandra Stupperich, Marienmünster (S. 58, S. 64, S. 77, S. 86, S. 115), Carola Toischel, Wiesbaden (S. 83) sowie 29 Zeichnungen von Cornelia Koller, Lüllau.

Umschlaggestaltung von Atelier Jürgen Reichert, Stuttgart, unter Verwendung von Fotos von Angelika Schmelzer, Altrip (Umschlagvorderseite), Christof Salata, Esslingen (Umschlagrückseite unten) und Edgar Schöpal, Düsseldorf (Umschlagrückseite oben).

Die Deutsche Bibliothek – CIP-Einheitsaufnahme

Stupperich, Alexandra:
Handbuch Pferdeweide : Pflege, Nutzung, Weide – Management / Alexandra Stupperich. – Stuttgart : Kosmos, 1998
  ISBN 3-440-07471-4

© 1998, Franckh-Kosmos Verlags-GmbH & Co., Stuttgart
Alle Rechte vorbehalten
ISBN 3-440-07471-4
Lektorat: Katja Metzler
Herstellung: Heiderose Stetter
Printed in Czech Republik / Imprimé en République tchéque
Satz: Typomedia Satztechnik GmbH, Ostfildern
Druck und buchbinderische Verarbeitung: Tesinská Tiskárna, Cesky Tesín

Kosmos Verlag
Mitglied in der

ILPH

DEUTSCHE VEREINIGUNG ZUM SCHUTZ DES PFERDES

DVSP e.V.

Deutsche Vereinigung zum Schutz des Pferdes e.V.
Wienkamp 11 rechts
46354 Südlohn

Handbuch Pferdeweide

Vorwort

Die Produkte des Gründlandes – Gras, Heu, Silage, Trockengrün – haben als Futtermittel für Pferde, bezogen auf den mengenmäßigen Verzehr, nach wie vor die vorrangigste Bedeutung. Bekanntlich kann zudem der Weidegang die wichtigsten Ansprüche des Pferdes hinsichtlich Bewegungsaktivität und Sozialkontakt erfüllen.

Beim Pferdehalter kann man ein sehr unterschiedliches Kenntnis- und Erfahrungsspektrum voraussetzen, was die Einschätzung und Pflege des Grünlandes sowie die Gewinnung, Lagerung und Beurteilung der Produkte betrifft.

Die Vielzahl der Pferderassen, unterschiedliche Nutzungen und Ansprüche an die Pferde und schließlich eine hohe ethische Verantwortung gegenüber dem Grünland als Teil der Natur und dem Pferd als Kreatur zwingen jeden Pferdehalter zu einer Gesamtbetrachtung.

Der Komplex Boden-Pflanzen-Pferde mit seinen natürlichen Bindungen und Verbindungen muß grundsätzlich in den Vordergrund treten.

Der Pferdehalter sollte sich nicht nur um ein Einfühlungsvermögen um die biologischen Vorgänge seiner Pferde bemühen, sondern auch das Grünland, für welches er Verantwortung trägt, mit einbeziehen.

Jede Initiative, ein Bindeglied zwischen Grünland und dem Pferd zu schlagen, ist zu begrüßen, ja sogar bei den erfreulicherweise hohen Pferdezahlen und den Umstrukturierungsvorgängen in der Pferdehalterschaft geradezu notwendig.

Münster, im Juni 1997

Lutz Ahlswede

(Dr. Lutz Ahlswede)

Artgerechte Pferdehaltung ist aktiver Naturschutz

Viele Pferdebesitzer träumen davon, ihre Tiere artgerecht in eigener Regie zu halten. Sie begeben sich auf die Suche nach einem kleinen Stall und einer Weide. Doch wirklich geeignetes Grünland für Pferde ist selten geworden, denn den gehobenen Ansprüchen des modernen Sport-, Zucht- oder Freizeitpferdes können verunkrautete Restflächen, die zur sonstigen Bewirtschaftung ungeeignet sind, nicht genügen. Da

traditionelle, gut strukturierte und mit einer gewissen Artenvielfalt versehene Wiesen sehr oft dem Produktionsdruck der modernen Landwirtschaft oder der Flurbereinigung zum Opfer gefallen sind, müssen die Pferdebesitzer nicht selten Äcker oder Brachland rekultivie-

Pferdehaltung auf der Weide in einer Herde fördert das Sozialverhalten der Tiere.

ren oder alte, ausgelaugte Weiden wieder flott machen. Für solche Maßnahmen sind jedoch solide Grundkenntnisse der Boden- und Pflanzenkunde sowie der Agrarwirtschaft erforderlich. Alle Kulturmaßnahmen müssen speziell auf die Pferdehaltung abgestimmt werden. Doch die verschiedenen Rassen-, Alters- und Nutzungsgruppen unterscheiden sich in ihren Ansprüchen an die Weide als Futtergrundlage erheblich (siehe Kapitel Ansprüche der Pferde). Grünfutter, das in seinen Inhaltsstoffen und seiner Menge für den Warmblutjährling gerade ausreicht, ist für den wenig gerittenen Ponywallach bei weitem zuviel. Auch bedeutet Gras für Pferde nicht einfach nur Futter: Wiesen und Weiden stellen ihren Lebensraum für fast ein halbes Jahr dar.

Wiesen und Weiden sind in unseren Breiten „Kunstgebilde", die ihre dauerhafte Existenz nur der ständigen Pflege durch den Menschen verdanken, ohne die sich langfristig der Wald sein angestammtes Territorium zurückerobern würde. Trotzdem zählen Trocken- und Halbtrockenrasen, Triftweiden, Magerwiesen, Almen und Heiden zu den schönsten und wertvollsten Kulturgütern unserer Landschaft. Der Pferdehalter von heute hat daher – abgesehen von dem Nutzen, den er als Pferdehalter aus einer gut gepflegten Weide zieht – auch die Möglichkeit, aktiven Naturschutz zu betreiben. Dieses Buch zeigt dem Pferdehalter im Bereich der Weidehaltung Wege auf, die zu gesunden und zufriedenen Tieren in einer sich im Gleichgewicht befindlichen Natur führen.

Die Wiese lebt

Die unterschiedlichen Pflanzen einer Wiese oder Weide gehen, je nach Standort, eine Art Lebensgemeinschaft miteinander ein. Der Botaniker bezeichnet diese als „Pflanzengesellschaft". Das Bild einer solchen Pflanzengesellschaft wird durch einige besonders häufig vorkommende Arten geprägt, die man als Leit- oder Kennarten bezeichnet. Zwischen ihnen wächst jedoch immer eine Vielzahl anderer, auf einen bestimmten Standort spezialisierter Pflanzen, die Trennarten.

Die an solchen Pflanzengesellschaften des Grünlandes beteiligten Arten wanderten aus verwandten Landschaften (Flachmoorwiesen, lichten Laubmischwäldern) ein. Arten, die vom Menschen einmal als nutzbringend erkannt wurden, begann man zu „kultivieren". Dies beschränkte sich nicht nur darauf, daß man sie planmäßig anbaute und pflegte, sondern man begann sie weiter zu verändern. Das Weidelgras zum Beispiel wurde durch Züchtung (das heißt durch bewußte, vom Menschen vorgenommene Änderungen in der Genkombination) in zahlreiche speziell angepaßte (zum Beispiel Frostresistenz) und ertragreichere Sorten aufgespalten. Solange es noch keine Gentechnik gab, vollzogen sich diese Veränderungen am Erbgut durch gezielte Auslese und Vermehrung der Pflanzen mit den erwünschten Eigenschaften. Die Grundlage bildet ein Wechselspiel aus zufälligen Varianten und bewußter Auslese durch den Menschen. Die neu entstandenen Kultursorten mußten sich anschließend im Freiland gegen die Wildsorten durchsetzen, was nur einigen von ihnen gelang.

Nicht nur die bewußte Bevorzugung wirtschaftlich besonders interessanter Kulturpflanzen haben die Artenvielfalt unserer Weiden auf einige wenige Spezialisten reduziert, sondern in erster Linie intensive Düngung und Bewirtschaftung. Auf Dauer können sich dort nur solche Pflanzen halten, die einerseits hohe Stickstoffmengen im Boden (Exkremente, Düngung) vertragen und andererseits resistent gegen Tritt, Fraß und Schnitt sind.

Fest verwurzelt in der Erde

Die Welt der Pflanzen begegnet uns in einer unglaublichen Formenvielfalt. Bäume recken die Äste in den Himmel und spenden Schatten, Kräuter entfalten heilkräftige Wirkung, Gräser schließlich bilden die Hauptlebensgrundlage unserer Pferde. Doch trotz unzähliger Unterschiede folgen sie alle den gleichen Gesetzmäßigkeiten, auch wenn sich selbstverständlich jede im Laufe ihrer Entwicklungsgeschichte Eigentümlichkeiten angeeignet hat, die es ihr ermöglichen, unter ganz konkreten Umweltbedingungen – aber keinesfalls überall auf der Erde – zu überleben.

Generell bestehen alle höheren Landpflanzen aus einem mehr oder weniger ausgeprägten, unterirdischen Wurzelsystem und einem oberirdischen Sproß.

Bauplan einer höheren Pflanze
Höhere Pflanzen bestehen aus einer unterirdischen Wurzel und einem oberirdischen Sproß. Aus letzterem wachsen Blätter, Seitenäste und Blüten. Die Wurzel dagegen dient der Verankerung im Boden und der Aufnahme von Wasser und Nährstoffen.

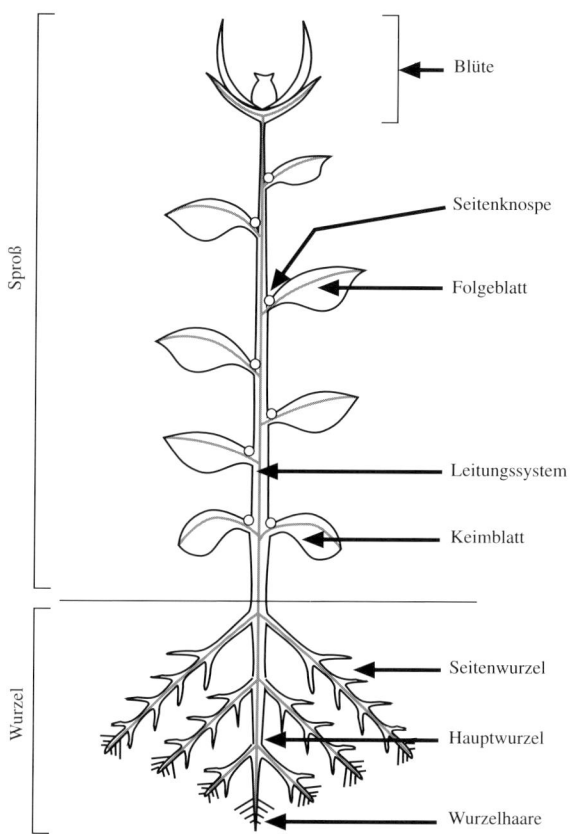

Die Wurzel verankert die Pflanze im Boden und kann Wasser und Nährstoffe aufnehmen. Der dem Licht zugewandte Sproß dagegen versucht, eine möglichst große Fläche dem Sonnenlicht entgegenzustrecken.

So funktionieren Pflanzen

Schon der ganz junge Keimling zeigt diese Zweiteilung in zukünftige Wurzel (Radicula) und Sproß (Keimsproß). Der Sproß differenziert sich in den Stengel (Sproßachse) mit seinen Seitentrieben und den Blättern. Diese sind an der Pflanze so angeordnet, daß sie möglichst gut dem Licht ausgesetzt sind, denn nur das Sonnenlicht spendet die nötige Energie für die lebenswichtigen, chemischen Stoffwechselprozesse, die unter dem Begriff Photosynthese bekannt geworden sind. Die Fähigkeit, mit Hilfe des Sonnenlichtes Kohlendioxid und Wasser zu wertvollem Zucker und Sauerstoff zu verwandeln, besitzen ausschließlich Pflanzen.
Doch beginnen wir zunächst im unteren Teil der Pflanze: Um dem Tritt und dem

Zug beim Abreißen der Blätter durch Weidetiere standhalten zu können, müssen die Pflanzen über ein ausgeprägtes Netz von kräftigen Wurzeln verfügen. Wie fest sie im Boden verankert sind, merkt man, wenn man versucht, ein Grasbüschel mit der Hand aus dem Boden zu ziehen. Darüberhinaus nehmen die Pflanzen mit diesem Organ Wasser und Nährstoffe aus dem Boden auf. Das von den Wurzeln aufgenommene Wasser und die darin gelösten Salze werden in sogenannten Leitbahnen zum oberirdischen Teil der Pflanze transportiert.

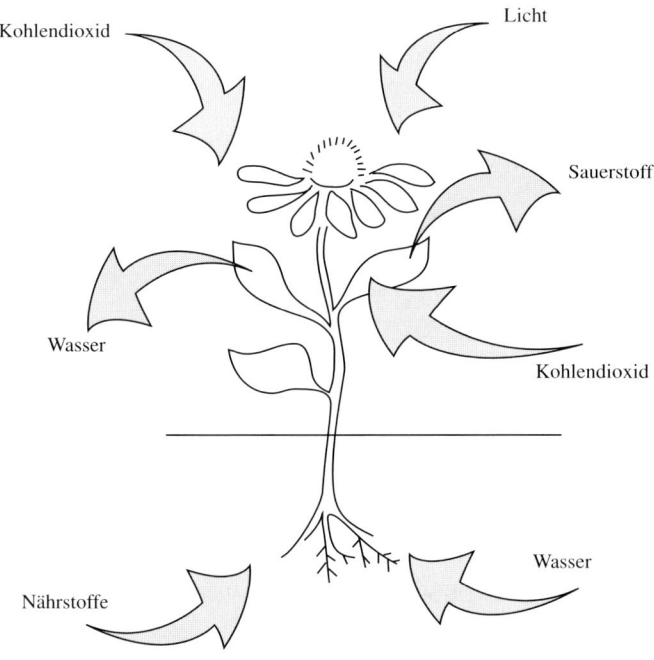

Kohlendioxid

Licht

Sauerstoff

Kohlendioxid

Wasser

Wasser

Nährstoffe

Nährstoffkreislauf bei Pflanzen
Über die Wurzel nimmt die Pflanze Wasser und Nährstoffe auf. Alle grünen Blatteile sind Orte, an denen der wichtige Stoffwechselprozeß, die Photosynthese, stattfindet: Dabei wird von der Pflanze Kohlendioxid aus der Luft aufgenommen und unter Verwendung von Lichtenergie zu wertvollem Zucker, Sauerstoff und Wasser verarbeitet.

Der Sproß besteht aus dem Stengel und seinen seitlichen Verzweigungen. Er trägt die Blätter und leitet die Nährstoffe von der Wurzel dorthin. In seiner Funktion als „Leitungssystem" besitzt er wie die Wurzeln Leitungsbahnen. Zudem verhindern Stabilisatoren (Holzteile), daß die Pflanze beim kleinsten Lufthauch umknickt. Je größer und ausladender die Pflanze ist (zum Beispiel Bäume), um so mehr „Holzteile" müssen eingelagert werden, damit ihre Stabilität gewährleistet ist. Zuletzt schützt eine Epidermis, vergleichbar unserer Haut, die Pflanze vor Verletzungen und Austrocknung. Bei manchen Pflanzen (Bäumen, Sträucher) entsteht aus der abgestorbenen Epidermis eine sehr harte Borke, die den mechanischen Schutz noch verstärkt.

Die Form und Anzahl der Blätter prägen das Erscheinungsbild der Pflanze. Gräser zum Beispiel haben langgestreckte, relativ steil nach oben stehende Blätter, denn die Pflanzen stehen dicht an dicht und müssen versuchen, trotz der harten Konkurrenz aus der Nachbarschaft, an eine ausreichende Menge Licht für die Photosynthese zu gelangen. Verliert eine Pflanze Blätter und Sproßachse teilweise oder ganz, wenn sie beispielsweise abgemäht wird, so fehlt ihr nicht nur mit einem Schlag mehr als die Hälfte ihrer Organe, sondern sie hat darüberhinaus kaum mehr die Möglichkeit, Photosynthese zu betreiben, da die Chloroplasten, in denen dieser Vorgang abläuft, hauptsächlich in den Blättern zu finden sind (grüne Blattfarbe!). Die Weidepflanzen mußten also lernen, diese überirdischen Organe regelmäßig zu regenerieren, ja sie haben

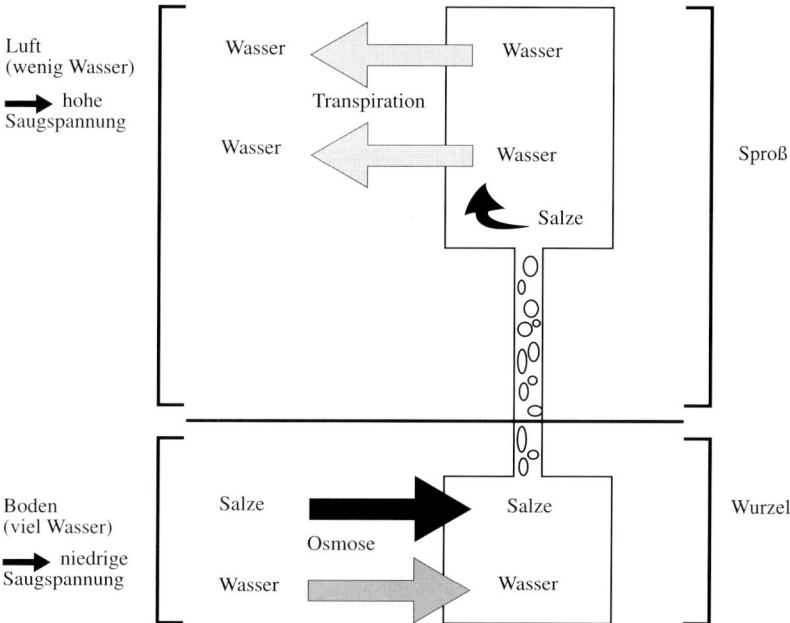

es sogar geschafft, ihren Vegetationszy-
klus (Austrieb, Blüte, Frucht) an den
Rhythmus aus Hoch- (Wachstum) und
Tiefstand (Schnitt) anzupassen.
Welche Voraussetzungen müssen für
eine Weidepflanze gegeben sein, um die
Fähigkeiten der Regeneration (Neuaufwuchs) voll zu entwickeln? Entscheidend ist, daß der Pflanze alle dazu nötigen Bestandteile im Boden und in eventuell vorhandenen Reservekörperchen
zur Verfügung stehen. Der wichtigste
Grundbaustein ihres Körpers ist das
Wasser, welches sie mit Hilfe ihrer Wurzeln aus dem Boden holt. Gemeinsam
mit dem Wasser gelangen auch die darin
gelösten Nährstoffe in den Organismus
und werden von ihm über Wurzeln und
Sproß in die Blätter geschafft, wo der eigentliche Stoffwechsel der Pflanzen
stattfindet.

**So kommt das Wasser aus dem Boden über die
Wurzel in die Blätter**
Die Wasseraufnahme über die Wurzelhärchen
erfolgt über ein von der Pflanze „künstlich"
aufgebautes Konzentrationsgefälle. Zu diesem
Zweck lagert sie Salze in die Zellvakuole ein. So
erzeugt sie eine physikalische Kraft, die man als
Saugspannung bezeichnet.
Um dagegen das Wasser aus den Wurzeln in die
Blätter zu schaffen, gibt die Pflanze über Spaltöffnungen Wasser in die Luft ab (Transpiration). Das so entstehende Konzentrationsgefälle
zwischen Wurzel und Blatt „saugt" das Wasser
und die darin enthaltenen Nährstoffe in den
Sproß.

Die Wiesenpflanze hat für die Wasser-
und Salzaufnahme an den Wurzeln typische, spezialisierte Organe entwickelt,
die Wurzelhärchen. Eine Wasseraufnahme über diese Organe ist nur möglich, wenn die Pflanze „künstlich" ein
Konzentrationsgefälle zwischen dem im

Boden festgehaltenen Wasser und ihrem eigenen Organismus aufbaut. Um das zu erreichen, werden Salze in die Zellvakuole eingelagert, denn Salz zieht Wasser an (ein Effekt, den jede Hausfrau von ihrem Salzstreuer kennt). Auf diese Art wird eine Kraft erzeugt, die man als Saugspannung bezeichnet. Normalerweise genügen wenige bar (zwischen zwei und fünf), um die Pflanzen ausreichend mit Wasser zu versorgen, bei Wüstenpflanzen jedoch kann diese Kraft auf bis zu 100 bar ansteigen. Hat die Wurzel an einer bestimmten Stelle dem Boden so viel Wasser entzogen, daß diese Kraft nicht mehr ausreicht, so sterben in aller Regel die Wurzelhärchen in diesem Bereich ab und wachsen an einer anderen Stelle neu, wo noch ausreichend Wasser vorhanden ist. Pflanzen sind also nicht in der Lage, Wasserreserven zu mobilisieren, die weiter entfernt liegen, sondern sie können sich nur des Wassers in ihrer unmittelbaren Umgebung bedienen.

Anschließend wird über Leitbahnen das aufgenommene Wasser und die darin gelösten Nährstoffe in den Sproß gepumpt. Dabei leisten die Pflanzen keinerlei aktive Arbeit. Sie benötigen deshalb auch keine Muskulatur, wie Menschen oder Pferde. Genutzt wird lediglich die Tatsache, daß sich in der Luft grundsätzlich weniger Wasser befindet als im Boden, weshalb es ganz von selbst dazu neigt, zu verdunsten.

Jeder kann diesen Vorgang in einem kleinen Experiment nachvollziehen: Man stellt eine mit Wasser gefüllte Schüssel ins Zimmer und mißt alle paar Tage den Wasserstand. Schon nach kurzer Zeit wird man bemerken, daß der Wasserstand sinkt, ohne daß jemand etwas herausnimmt. Die Verhältnisse zwischen Boden und Luft liegen dabei zwar nicht ganz so extrem, wie bei einer offenen Wasserfläche, trotzdem ist das Konzentrationsgefälle erheblich. Die Pflanzen stellen sich quasi als „Mittler" zwischen dem mit Wasser gesättigten Boden und der wasserarmen Luft, indem sie Bodenwasser mit den Wurzeln aufnehmen und gezielt über die Spaltöffnungen an den Blättern in die Luft abgeben. Das Konzentrationsgefälle zwischen Blatt und Wurzel saugt das Wasser und die darin gelösten Nährstoffe ständig nach oben. Diesen Vorgang nennt der Botaniker Transpiration.

Leider hat sich die Pflanze durch den Trick mit der Osmose und der Transpiration auch selbst in Schwierigkeiten gebracht: Je heißer und windiger es nämlich ist, desto schneller verdunstet das Wasser und desto schneller läuft der „Motor der Diffusion", aber um so schwerer wird es auch, das immer weniger zur Verfügung stehende Bodenwasser in die Wurzeln zu befördern. Statt also in einem solchen Moment Wasser zu sparen, wie es sinnvoll wäre, verbraucht sie noch mehr. Da sie sich nicht bewegen und ein schattiges Plätzchen aufsuchen kann, hat sie nur eine Möglichkeit diesem Teufelskreis entgegenzuwirken: Sie macht die kleinen Spaltöffnungen in den Blättern dicht. Es gelingt ihr nicht ganz, – besonders, wenn keine weiteren Schutzmechanismen vorhanden sind. Das ist der Grund, warum in den sonnigen und trockenen Monaten des Sommers die Wiesen manchmal schlagartig das Wachstum einstellen und schließlich verdorren.

Nach diesem kurzen Ausflug in die Welt der Pflanzen haben wir eine Vorstellung davon bekommen, wie diese mit völlig

Um ausgelassene Galoppaden unbeschadet zu
überstehen, muß die Grasnarbe einer Pferdeweide lückenlos und belastbar sein.

anderen Problemen zu kämpfen haben,
um leben und gedeihen zu können, als
unsere Pferde. Aber nur wer auch um
die Bedürfnisse von Weidepflanzen
weiß, ist zu einer optimalen Weidepflege
in der Lage. Gepflegte Wiesen und Weiden liefern wertvolles Futter und stellen
somit einen wichtigen Faktor in der
Frage um die Gesundheit des Pferdes
dar.

Die wichtigsten Pflanzenarten

Sprechen wir von Wiesen, so denken wir
unwillkürlich an Blütenpracht. An unserem geistigen Auge zieht eine Mischung aus weiß-gelben Margeriten,
gelbem Löwenzahn, rot-violetter
Kuckuckslichtnelke und blauen
Flockenblumen vorbei. Blühende Kräu-
terwiesen bilden jedoch nur einen
Aspekt der Pferdeweide und sind oh-
nehin selten zu finden. Zwar bilden Blu-
men durchaus einen natürlichen Bestandteil der Wiese, und kräuterlose
Grünlandflächen dürfen keinesfalls das
Ziel der Bewirtschaftung sein, jedoch
sind Arten und Menge regional recht
unterschiedlich.
Im Grunde können nämlich – abhängig
von den Standortverhältnissen – nur
ganz bestimmte Pflanzen den harten
Lebensbedingungen einer Pferdeweide
standhalten. Es sind Spezialisten, die
sich daran gewöhnt haben, von den
Pferden gebissen und getreten zu werden. Weidepflanzen haben entweder ein

Tabelle: Wichtige Gräser mit ihren Ansprüchen und Eigenschaften

Pflanzenart	Bodenansprüche	Trittfestigkeit	Narbenbildung
Weidelgras	nährstoffreich	sehr gut	dichtes Untergras
Lieschgras	mäßig feucht	gut	Obergras
Wiesenrispe	gut frostverträglich	gut	trittfest
Wiesenschwingel	nährstoffreich mäßig feucht	mittel	langlebiges Obergras

dickes Fell, so daß ihnen all das nichts ausmacht, oder sie haben gelernt, den Angriffen der Pferde durch bestimmte Strategien zu entgehen. In der Gruppe der ersten finden wir die meisten Futterpflanzen, wie z. B. Deutsches Weidelgras oder Weißklee. Zur zweiten zählen wir die Weideunkräuter, wie zum Beispiel Ampfer, Brennessel oder Distel.

sches Kulturgras. Man kann es heute mit seinen zahlreichen Sorten fast überall finden: in Parks, an Wegrändern, in den Ziergärten als Kulturrasen oder auf nährstoffreichen Böden im freien Gelände. Es ist besonders tritt- und verbißfest. Außerdem verträgt es stickstoffreichen Boden (Düngung, Exkremente der Tiere) gut. Weidelgras hat aber noch

Überlebensstrategien von Weidepflanzen
In Mähwiesen und Weiden können nur solche Pflanzen überleben, die sich dem Rhythmus von hohem Wuchs (vor der Mahd) und tiefem Wuchs (nach der Mahd) anpassen. Der Löwenzahn oder das Gänseblümchen zum Beispiel blühen und fruchten sehr zeitig im Frühjahr vor dem ersten Schnitt. Der Bärenklau dagegen setzt seine Blüten nach dem ersten Schnitt im zweiten Aufwuchs und die Herbstzeitlose (giftig!) sogar – wie der Name sagt – nach dem letzten Schnitt ab September. Die besonders regenerationsfähigen Gräser und Stauden werden durch die Beweidung oder Schnitt in ihrer Verbreitung und Entwicklung sogar gefördert. Rosettenbildende, niedrigwachsende Pflanzen wie Wegerich, Löwenzahn und Klee verschaffen sich ihren Konkurrenzvorteil, indem sie den Zähnen der Weidetiere oder dem Mähwerk entgehen, weil sie dicht am Boden wachsen und schwer zu fassen sind.
Andere Pflanzen wie der Hahnenfuß lagern schlecht schmeckende Inhaltsstoffe ein, wodurch sie von den Pferden gemieden werden.

Von den circa 8000 Gräserarten Mitteleuropas haben sich lediglich vier Arten als Nutzpflanzen durchgesetzt: Das Deutsche Weidelgras, das Lieschgras, die Wiesenrispe und der Rotschwingel. **Weidelgras** (*Lolium perenne*) ist ein typi-

andere besondere Eigenschaften, die es zu dem wichtigsten Futtergras unserer Agrarwirtschaft hat werden lassen: Es setzt Düngegaben besonders effektiv um, bildet dichte Narben und hat ein gutes Nachwachsvermögen. Von den

Deutsches Weidelgras
(*Lolium perenne*)

Wiesenlieschgras
(*Phleum pratense*)

Tieren wird es als natriumreiches und wohlschmeckendes Futtergras sehr geschätzt. Gute an das lokale Klima angepaßte Sorten bilden dichte Narben, was die Trittfestigkeit der Gesamtfläche nochmals erhöht. Allerdings sollte man verhindern, daß es zu stark verbissen wird. Auch ein zu tiefer oder zu später Schnitt wirkt sich negativ für das Nachwachsen der Triebe aus. Sein hoher Wirtschaftswert veranlaßte die Pflanzenzüchter, ein breites Spektrum von an die verschiedensten – auch extreme – Standorte angepaßte Sorten zu entwickeln. Entsprechend breit gefächert sind seine Bodenansprüche, Ertragshöhe, Narbendichte oder Nutzungsreife. Deutsches Weidelgras eignet sich darüberhinaus für Reparatursaaten, da es rasch keimt und sich in der Jugend schnell entwickelt.

Lieschgras (*Phleum pratense*) zählt zu den Obergräsern und gedeiht am besten auf mäßig feuchten, bis frischen Böden. Mit einer Höhe von einem Meter ist es ein Riese unter unseren einheimischen Kulturgräsern. Trotzdem hat es sich ebenfalls hervorragend an den Schnitt oder die Beweidung angepaßt, da es sich über Reservekörperchen, kleine Verdickungen an der Wurzel, regeneriert. Will man Lieschgras in der Beweidung nutzen, sollte man es nicht zu hoch werden lassen, weil es stark verholzt und dann von den Pferden nur noch ungern gefressen wird.

Die **Wiesenrispe** (*Poa pratensis*) vermehrt sich über unterirdische Ausläufer, was sie einerseits trittfest, andererseits aber auch recht frostverträglich macht. Durch den Tritt entstandene Narbenverletzungen kann diese Pflanze durch

Wiesenschwingel
(*Festuca pratensis*)

Wiesenrispengras
(*Poa pratensis*)

Rotschwingel
(*Festuca rubra*)

solche Ausläufer rasch schließen. Wiesenrispe eignet sich sowohl zur Beweidung als auch zur Schnittnutzung, da sich die Samen jedoch nur sehr langsam entwickeln, finden sie keine Verwendung bei Reparatursaaten.

Ein besonders langlebiges Gras ist der **Wiesenschwingel** (*Festuca pratensis*). Sein unterer Rispenast wird 4–6 Jahre alt. Festuca ist ideal bei reiner Schnitt-nutzung, verträgt aber keine Überweidung.

Ein geringer Anteil des ausläufertreibenden **Rotschwingels** (*Festuca rubra*) ist, da dieses Gras auch unter ungünstigen Bedingungen gedeiht, ebenfalls auf Pferdeweiden anzustreben. Man sieht ihn quasi als „Lückenfüller", denn er gewährleistet eine dichte Narbenbildung. Überständiger Rotschwingel wird jedoch von den Pferden nur ungern gefressen.

Auch bei den Kräutern trifft man auf den Wiesen und Weiden zwischen Nordsee und Alpen, Saarland und Mecklenburg immer wieder alte Bekannte. Der wohl bekannteste ist der **Weißklee** (*Trifolium repens*). Er gehört zu der Familie der Leguminosen und hat als solche die Eigenschaft, über die Knöllchenbakterien in seinen Wurzeln den Luftstickstoff zu binden und für sich verwertbar zu machen. Diese äußerst resistente Pflanze blüht zwar von Mai bis September – wann immer sich gerade die Gelegenheit bietet –, ist jedoch gar nicht auf die Verbreitung durch Samen angewiesen. Sie vermehrt sich durch lange Ausläufer, die jeder, der schon einmal Unkraut gejätet hat, gut kennt. Deshalb findet man Weißklee auf den Pferdeweiden meist auch in Horsten, flächigen Stellen, in denen außer dem Klee kaum mehr etwas anderes

wächst. Diese Eigenschaft sowie die ungewöhnlich starke Konkurrenzfähigkeit des Weißklees lassen ihn manchmal zur Plage werden, indem er die Futtergräser verdrängt. Auf stark beweideten Flächen breitet er sich so rapide aus, daß sein Anteil am Bewuchs auf fünfzig Prozent und mehr anwachsen kann. Er sollte jedoch bei Pferdeweiden nicht mehr als zehn Prozent betragen! Insbesondere bei Weiden für Robustpferde wirkt sich ein zu hoher Anteil an Klee im Futter nachteilig auf die Tiergesundheit aus (zu viel Eiweiß, zu wenig Rohfaser!). Solch eine Massenvermehrung ist immer ein Hinweis auf Überweidung. Man bekommt das Problem jedoch durch mehrjährige Schnittnutzung der Fläche, Nachbeweidung mit Schafen oder einer mäßigen Kalkgabe gut in den Griff.

Zwei typische Blütenpflanzen der Pferdeweide sind das **Gänseblümchen** (*Bellis perennis*) und der **Löwenzahn** (*Taraxacum officinale*). Beide gehören zu der

---

Löwenzahn als Salat

Löwenzahnblätter ergeben im jungen Zustand einen köstlichen Salat und sind überdies sehr gesund. Verwenden Sie die zarten jungen Blätter bis maximal 10 Zentimeter, oder – wenn Sie ein leicht bitteres Aroma schätzen – verwenden Sie ihn nach der Blüte.

500 g Löwenzahnblätter	50 g Walnußkerne
3 Eier	2 EL Weinessig
1 TL Senf	4 EL Öl
1 EL Schnittlauch, gehackt	Salz, Pfeffer

Löwenzahnblätter putzen und waschen, abtropfen und in eine Salatschüssel geben

Walnußkerne grob hacken. Das Eigelb aus den hartgekochten Eiern lösen, mit einer Gabel zerdrücken und mit Essig, Senf, Salz und Pfeffer mischen. Zum Schluß Walnußkerne zugeben und die Sauce vorsichtig über den Salat geben. Zur Zierde den fein gehackten Schnittlauch und das Eiweiß darübergeben.

Man kann den Salat auch mit knusprigem Speck oder gerösteten Weißbrotwürfeln anreichern.

Familie der Korbblütler. Wegen der dicht am Boden wachsenden und rosettenförmig angeordneten Blätter entgehen sie leicht dem Schnitt oder dem Fraß, auch wenn sie an sich gefressen werden.

Der volkstümliche Name des **Löwenzahns** „Kuhblume" deutet sogar an, daß er, obwohl man ihn heutzutage eher als Unkraut bezeichnet, früher als schmackhaftes Viehfutter galt. Gerade auf Intensivweiden mit sehr frühem Weideaustrieb und hohen Stickstoffgaben breitet er sich leider oft massenhaft aus und verdrängt die Futtergräser.

Das zierliche **Gänseblümchen,** im Volksmund auch Tausendschönchen genannt, ist ebenfalls eine typische Pflanze der Pferdeweide, die sich derselben Überlebensstrategie bedient, wie der Löwenzahn, nur daß sie sich noch dichter am Boden hält. Ihre weißgelben Blütenköpfchen folgen übrigens tagsüber dem Lauf der Sonne und schließen sich nachts oder bei Regen. Darüberhinaus hat es auch als Heilpflanze an Bedeutung gewonnen.

Mein Tip

Was hilft gegen Löwenzahn?

Bringt man Kalkstickstoff zur Zeit der Blütenknospenbildung des Löwenzahns auf, so reduziert sich der Bestand deutlich. Allerdings sollte dies nur bei feuchtem Boden und abgetrockneter Grasnarbe geschehen.

Starker Löwenzahnbesatz ist übrigens immer ein Zeichen von Überweidung!

Der **Wegerich** (*Plantago*) gehört zu den besonders robusten Weideunkräutern, weshalb er sich sogar am Rande der vielbenutzten Trittpfade hält. Als Futterpflanze ist er zwar kaum von Wert, jedoch schätzt man ihn seit altersher als Heilpflanze.

Hart im Nehmen sind die drei typischen Wiesenunkräuter Distel, Ampfer und Brennessel. Um ihrer Herr zu werden muß man selbst zur Tat schreiten, denn von den Pferden werden sie gemieden. Als mehrjährige Pflanze bleiben sie uns, ohne gezielte Bekämpfung, lange erhalten und streuen Tausende von Samen in die Umgebung. Ein Schneiden kurz nach der Blüte verhindert zwar die Massenvermehrung, ist jedoch keine dauerhafte Lösung.

Das wohl hartnäckigste Unkraut im Dauergrünland ist der stumpfblättrige **Ampfer** (*Rumex*). Er wächst mit Vorliebe auf nährstoffreichen, nicht zu nassen und nicht zu trockenen Böden.

Brennesseln (*Urtica*) lieben Böden mit hohem Stickstoffanteil, saurem pH-Wert und Feuchtigkeit. Insbesondere der Saumbereich von Wäldern oder Hecken stellt ihren natürlichen Lebensraum dar, aber auch künstlich geschaffene „Stickstoffinseln", wie zum Beispiel Geilstellen auf der Weide werden rasch besiedelt.

Im Gegensatz zu den Brennesseln lieben **Disteln** (*Carduus*) durchlässigen Boden, ja sie kommen auch mit ganz leichten Sandböden gut zurecht. Eine intensive Düngung und eine Verschiebung des pH-Wertes im Boden zum Idealbereich hin läßt sie jedoch meist ganz von selbst der Konkurrenzkraft der anderen Weidepflanzen zum Opfer fallen.

Ampfer – ein Mammut unter den Weidepflanzen
- Bis zu 120 cm wird dieses Weideunkraut hoch und erreicht gemeinsam mit seinen tiefen, verzweigten Wurzelsystemen eine Gesamtlänge von bis zu drei Metern.
- Die Erneuerungsknospen am Wurzelstock ermöglichen den Neuaustrieb auch nach tiefem Schnitt.
- Eine einzige Pflanze kann bis zu 60.000 Samen pro Jahr produzieren, die bereits im grünen Zustand keimfähig sind und auch die Verdauung durch die Pferde überleben. Außerdem bleibt der Samen im Boden bis zu 80 Jahre lang keimfähig.

Mein Tip

So geht man gegen Weideunkräuter vor

Brennesseln (*Urtica*) reagieren sehr empfindlich auf pH-Schwankungen im Boden. Eine kurzfristige Kalkung macht ihnen oft den Garaus. Die Pflanze verträgt außerdem häufiges Abmähen insbesondere kurz vor der Blüte sehr schlecht. Während in frischem Zustand die Pferde Brennesseln meiden, nehmen sie sie angewelkt als willkommene Abwechslung in ihren Speiseplan auf. Übrigens kann man durch Trocknen daraus ein sehr gesundes Kräuterbeifutter herstellen.

Ampfer (*Rumex*): Wenn möglich ausstechen, wobei darauf geachtet werden muß, daß keine Reservekörperchen der Wurzel im Boden zurückbleiben. Oder gezielt – ebenfalls einzeln – mit einem geeigneten Herbizid (durch Bestreichen einiger Blätter) bekämpfen. Beide Maßnahmen müssen im zeitigen Frühjahr erfolgen, wenn sie Erfolg versprechen sollen.

Disteln (*Carduus*): Der Schnitt kurz vor der Blüte schwächt die Pflanze und verhindert ihre weitere Ausbreitung. Wenn man sie allerdings nach der Blüte schneidet, muß man die Pflanzenreste vom Gelände entfernen, da sie sonst nachreifen und trotzdem aussamen.

Weißklee (*Trifolium repens*): Hier hilft es oft schon, die Weide ein oder zwei Jahre lang zunächst im Schnitt zu nutzen.

Die aus Umweltschutzgründen sinnvollste Methode der Unkrautbekämpfung ist ganz sicher das Ausstechen der Pflanzen mit dem Spaten. Am besten macht man dies im Frühjahr, wenn der Boden noch weich und die Pflanze noch jung ist. Doch nicht immer ist ein solches Vorgehen effektiv, denn manchmal ist der Grad der Verunkrautung so überwältigend, daß die Arbeit aus zeitlichen Gründen einfach nicht zu bewältigen wäre, oder die Weidefläche ist zu groß. Eine Flächenspritzung ist jedoch gerade bei Weideunkräutern nicht zu empfehlen, weil der Einsatz der Herbizide und die damit verbundene Belastung der Umwelt in keinem Verhältnis zu dem erzielten Bekämpfungserfolg steht. Wenn bei stärkerem Befall dauerhafter Unkräuter die Anwendung von selektiven Unkrautbekämpfungsmitteln notwendig wird, so sollte immer eine Einzelpflanzenbekämpfung vorgenommen werden. Die Behandlung erfolgt ab Mitte April, um eine Jugendentwicklung der Pflanzen zu verhindern. Mit einem speziell entwickelten Stab werden zwei oder drei Blätter mit einem vom Herbizid (zum Beispiel Round up) getränkten Docht bestrichen. Der Flüssigkeit sollte ein Schuß Tinte beigefügt werden, damit man erkennen kann, welche Pflanzen behandelt wurden und welche nicht. So vermeidet man Doppelbehandlungen und kann den Erfolg der Maßnahme überprüfen. Zeigt die Bekämpfung keinen Erfolg oder treiben die Pflanzen erneut aus, so sollte man nach einer Beratung durch den Händler eventuell eine andere Wirkstoffzusammensetzung anwenden. Beachten Sie bitte, daß es sich bei den Herbiziden normalerweise um Wuchsstoffhemmer handelt, die ihre volle Wirkung erst nach zwei bis vier Wochen zeigen. Die Sicherheitsvorschriften (Beipackzettel!) müssen bei der Anwendung unbedingt genau eingehalten werden.

Herbizide sind schwere Gifte
- Immer Handschuhe, z. B. aus Latex, tragen,
- niemals in die Augen, an den Mund oder sonstige Körperöffnungen bringen,
- möglichst keine Dämpfe einatmen,
- immer sicher vor Kinderhänden aufbewahren und
- niemals Reste in das Kanalsystem oder in den Erdboden gießen. Verbliebene Reste sowie die Transportbehältnisse müssen als Giftmüll entsorgt werden.
- Halten Sie die gesetzlichen Bestimmungen ein.
- **Beipackzettel genau lesen und Verdünnungsstufen exakt beachten!**

Die Wiese kann zehn bis 28 Tage nach der Bekämpfung wieder beweidet und die Behandlung während des Sommers wiederholt werden. Damit sich in den nach dem Absterben der Unkräuter entstandenen Lücken keine neuen ansiedeln, ist außerdem eine Reparatursaat dringend zu empfehlen.

Unkräuter auf den Wiesen sind zwar lästig, aber sie erfüllen einen biologischen Zweck und sollten deshalb nicht grundlos ausgerottet werden. Die blauen Blüten der Disteln zum Beispiel sind eine der Haupternährungsquellen für Schmetterlinge und Hummeln. Im Inneren ihrer großen Blütenköpfe befinden sich erstaunliche Miniökosysteme mit winzigen Insekten und Spinnen. Die Blätter der noch weit weniger geliebten Brennesseln geben den Raupen einheimischer Falter, zum Beispiel dem Tagpfauenauge, Nahrung und Schutz. Naturfreunde sollten deshalb diesen Pflanzen ein kleines Plätzchen am Rande einräumen und damit ihren Beitrag zum Umweltschutz leisten.
Besser als jede Bekämpfung der Unkräuter ist eine gezielte Vorbeugung durch ein gutes Weide-Management. Die Entstehung von Geilstellen vermeidet man durch regelmäßiges Absammeln des Pferdemistes, am besten einmal pro Tag, mindestens jedoch einmal

Ampfer im Speiseplan

Einige der Weideunkräuter können durchaus als „Biogemüse" unseren eigenen Speiseplan bereichern. Ernten sollten Sie selbstverständlich von ungespritzten Flächen, möglichst im Frühjahr und weit ab von der Straße.

Sauerampfersuppe:

Bitte verwenden Sie nur Blätter des kleinen Ampfer (Sauerampfer)!

100 g Sauerampfer	1 Eigelb
1 Zwiebel	3 EL Milch oder Sahne
30 g Fett	1 TL Butter
40 g Mehl	Salz, Pfeffer
1 l Wasser	

Sauerampfer waschen und fein schneiden. Zwiebel schälen und in Würfel schneiden. Fett erhitzen, Gemüse und Zwiebel darin andünsten. Mehl unter ständigem Rühren zugeben. Mit Wasser unter Rühren ablöschen, aufkochen und fertiggaren. Gemüse pürieren, zurück in den Kochtopf geben und aufkochen. Eigelb mit Milch verquirlen und in die nicht mehr kochende Suppe rühren. Mit Butter verfeinern. Mit Salz und Pfeffer abschmecken.

pro Woche, und häufiges partielles Ausmähen. Darüberhinaus muß nach jeder Beweidung und im Herbst nach Weideabtrieb nachgemäht werden. Auf größeren Flächen kann eine Nachbeweidung mit Rindern oder Schafen erfolgen. Gesunde, geschlossene Grasnarben durch durchdachtes Management (Rotations- oder Portionsweide, gezielte Düngung, regelmäßige Nachsaat sowie einem angepaßten Tierbestand) sind immer noch die beste Vorbeugemaßnahme gegen Weideunkräuter.

Der richtige Standort

Da die Pflanzen den einmal gewählten Standort nicht mehr verlassen können, werden sie sich nur dann durchsetzen und ausbreiten können, wenn sie den Lebensbedingungen, die sie vorfinden, angepaßt sind. Schließlich sind sie den

dortigen Verhältnissen auf Gedeih und Verderb ausgeliefert. Auf Faktoren wie Klima und Standort hat man als Hobbylandwirt zwar keinen Einfluß, doch durch geschicktes Management und sorgfältige Pflege kann man einiges dazu beitragen, eine Weide gesund und leistungsfähig zu erhalten.

Was versteht man unter Weidemanagement?

Die Aufgaben eines Managers in einem großen oder kleineren Unternehmen liegen in erster Linie darin, dieses geschickt zu führen und weiterzuentwickeln. Er kümmert sich um Organisation, Personalfragen, Marketing, Finanzen und vieles andere. Dazu benötigt er als „Handwerkszeug" gute Grundkenntnisse über sein Unternehmen und dessen Marktsituation.

Auch der Weide-Manager kommt ohne ein gesundes Grundwissen rund um die Pferdeweide nicht aus. Er muß sowohl die erwünschten Futterpflanzen als auch deren Lebensansprüche (Bodenprobe!) kennen. Darüberhinaus weiß er, wieviele unerwünschte Pflanzen er auf seiner Wiese tolerieren kann, ohne daß wertvolle Gräser und Kräuter verdrängt werden. Ein guter Weide-Manager kennt die Produktionskapazität seiner Wiese (Düngeplan!) und besitzt das notwendige Know-how, wie er sie weder unterfordert (Unterweidung) noch überbeansprucht (Ermüden der Grasnarbe). Er verfügt über Mechanismen, wie z. B. Umtriebs-, Rotations- oder Mähweide, die eine optimale Abschöpfung der Leistungskapazität des Grünlandes ermöglicht, und er ist sich bewußt, daß nur eine optimale Versorgung der Pflanzen diese langfristig sicherstellt. Zuletzt weiß er selbstverständlich genau, was seine Pferde sich wünschen, um aus dem Produkt Gras den optimalen Nutzen zu ziehen.

Ansprüche der Pferde

Die Anforderungen an eine gute Pferdeweide sind leichter zu beschreiben, als zu verwirklichen. Gutes Grünland ist heute selten geworden: Es steht einer stetig wachsenden Zahl von Pferden immer weniger naturnahes Grünland gegenüber. Da die Pferdehaltung zusätzlich immer mehr von den bäuerlichen Betrieben in private Hand fällt, fehlt darüberhinaus die Möglichkeit zur

Mischbeweidung senkt den Parasitendruck. Besonders eignen sich Wiederkäuer, wie hier eine Ziege.

Tabelle: Welche Weide für welches Pferd?

Weidegruppe	Futteransprüche	Weideart
wenig genutzte kleine und mittelgroße Ponys	viel Rohfasser, wenig Proteine	Triften, Halbtrockenrasen, Magerrasen, Almen
wenig genutzte mittlere bis große Ponys, die an Bergklima angepaßt sind	viel Rohfaser, wenig Proteine	Triften, Halbtrockenrasen, Almen Mineralstoff- und Spurenelementhaushalt ausgleichen
wenig genutzte mittlere bis große Ponys, die an Niederungen angepaßt sind	viel Rohfaser, wenig Proteine	Sumpfwiesen mit minderwertigeren Futtergräsern und Seggen; Mineralstoff- und Spurenelementhaushalt ausgleichen
veredelte Ponyrassen mit mittlerer Nutzung	viel Rohfaser, ausreichend Protein	Triften, Halbtrockenrasen, eventuell Zufütterung nötig; Mineralstoff- und Spurenelementhaushalt ausgleichen
Großpferde mit mittlerer Nutzung	ausreichend Rohfaser, Protein und Energie	Triften, Halbtrockenrasen, Zufütterung meist nötig; Mineralstoff- und Spurenelementhaushalt ausgleichen
Großpferde mit intensiver Nutzung	ausreichend Rohfaser, Protein und Energie	Triften, Halbtrockenrasen, Weidegang nach Zuteilung; Zufütterung stets nötig; Mineralstoff- und Spurenelementhaushalt ausgleichen
Zuchtstuten laktierend	ausreichend Rohfaser, viel Protein, ausreichend Energie	Triften, Halbtrockenrasen, Fettwiesen, Stuten: Mineralstoff- und Spurenelementhaushalt ausgleichen; Zufütterung der Fohlen mit Mineralstoffen und evtl. Fohlenaufzuchtfutter (frühreife Rassen)
Jungpferde	ausreichend Protein und Energie	Halbtrockenrasen, Fettwiesen, Mineralstoff- und Spurenelementhaushalt ausgleichen

Mischbeweidung im gesunden Verhältnis (ein einzelnes Rind hilft da eben nicht weiter!). Häufig werden dem Pferdehalter Restflächen angeboten, die im Ackerbau schlecht oder unrentabel zu bewirtschaften sind. Für eine Übergangszeit kann man sie nutzen, eine Endlösung sollte das aber nicht darstellen. Zugeständnisse in der Qualität der Weide zu machen, bedeutet stets Abstrichen in der Lebensqualität der Pferde zuzustimmen. Schließlich bilden Gras und seine Produkte (Heu, Silage, Grünmehl usw.) nach wie vor die Haupt-

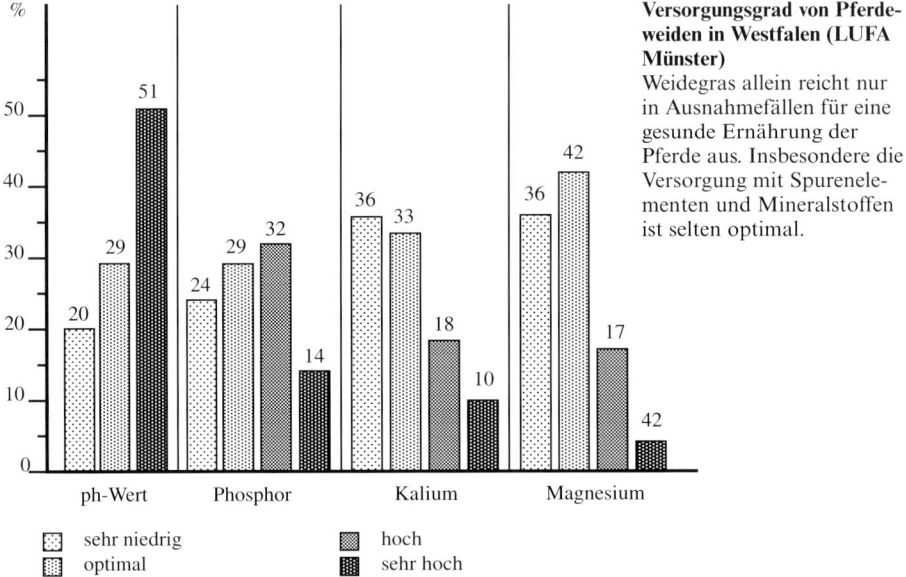

Versorgungsgrad von Pferde-weiden in Westfalen (LUFA Münster)
Weidegras allein reicht nur in Ausnahmefällen für eine gesunde Ernährung der Pferde aus. Insbesondere die Versorgung mit Spurenelementen und Mineralstoffen ist selten optimal.

ernährungsquelle der Pferde. Darüberhinaus bietet in erster Linie die Weide den Pferden die Möglichkeit, ethologische Grundbedürfnisse (sozialer Kontakt, Außenreize durch die Umwelt, Bewegung usw.) zu decken.

Viele Probleme in der Tiergesundheit ließen sich durch eine günstigere Zusammensetzung und bessere Qualität des Futters lösen. Zum einen würde sich eine größere Artenvielfalt innerhalb der Pflanzengesellschaft des Grünlandes auf den Allgemeinzustand der Pferde positiv auswirken, weil die Tiere instinktiv nach Bedarf zwischen einzelnen Futterpflanzen auswählen. Daneben hängt auch die Qualität des Winterfutters in Form von Heu, Grascobs oder Silage von der Artenzusammensetzung ab. Andererseits zeigen Untersuchungen, daß heutzutage ungepflegtes Grünland – selbst bei reichlichem Aufwuchs – nicht mehr für die Alleinversor-

gung der Tiere ausreicht. Insbesondere enge Kalzium-zu-Phosphor-Verhältnisse (möglicherweise durch zu viel Stickstoffdünger) im Futtergras sowie ein Mangel an Spurenelementen führen langfristig zu Problemen, die nicht selten viel zu spät erkannt und durch gezielte Mineralfuttergaben ausgeglichen werden. Eine wissenschaftliche Untersuchung im Raum Westfalen ergab,

- daß bis zur Hälfte der eingesandten Futterproben ein Kalzium-zu-Phosphor-Verhältnis von 1,2 zu 1 (optimal wäre ein Verhältnis von 1,5 bis 2 zu 1) aufwiesen,
- daß sehr oft ein Mangel an Calcium, Phosphor, Natrium, Kupfer und Zink festgestellt werden konnte,
- daß noch nicht einmal in der Hälfte aller untersuchten Proben die Magnesiumversorgung im optimalen Bereich lag.

Es empfiehlt sich demnach in jedem

Tabelle: Einige fütterungsbedingte Krankheiten

Erkrankung	Ursache	Symptome
Hauterkrankungen	Zinkmangel im Futter	Knötchen-, Pickel-, Pustelbildung der Haut, hohe Photosensibilität (Sonnenbrände), Anfälligkeit für Milben, Bakterien (Mauke) und Insekten
Erkrankungen des Skeletts, Bänder- und Sehnenerkrankungen	Falsches Ca/P-Verhältnis, eventuell zu hohes Vitamin D-Angebot (Sonne!)	Knochenauftreibungen, Überbeine, unspezifische Lahmheit, häufigeres Auftreten von Bock- oder Stelzfuß bei Fohlen
Rehe	Große Mengen eiweißreichen Futters bei gleichzeitig zu wenig Rohfaser, z. B. beim ersten Grasaufwuchs oder plötzlicher Weidegang, rassespezifisch erhöhte Anfälligkeit	Entzündung der Huflederhaut, typisch sind die weit untergeschobenen Hinterbeine mit Entlastung der Vorderbeine, heiße Hufe, Gang sehr klamm; deutliche Schmerzsymptome
Durchfall	zu niedriger Rohfaseranteil im Futter bei hohem Eiweißanteil, Futterumstellung bei plötzlichem Weidegang.	Kot breiig bis flüssig, Schweif verklebt. In schweren Fällen steigern sich die Symptome bis zur Kolik

Fall, im Abstand von ein paar Jahren nicht nur Bodenanalysen erstellen zu lassen, sondern auch gezielt Futterproben einzuschicken, um eventuelle Mängel mittels einer speziellen Mineralfuttermischung auszugleichen.

Doch für Pferde stellt die Weide im Sommer nicht nur die Ernährungsgrundlage sondern auch einen Lebensraum dar. Sie schlafen, essen, dösen und spielen. Deshalb sollte – wann immer möglich – großzügig geplant werden. Großpferden (Warmblüter, Vollblüter,

Auswirkungen des Geländes auf das lokale Klima einer Pferdeweide
In Senken bilden sich Kaltluftseen, während auf kleineren Anhöhen die Warmluft länger gehalten wird. Am Hang dagegen ist die Luft in Bewegung.

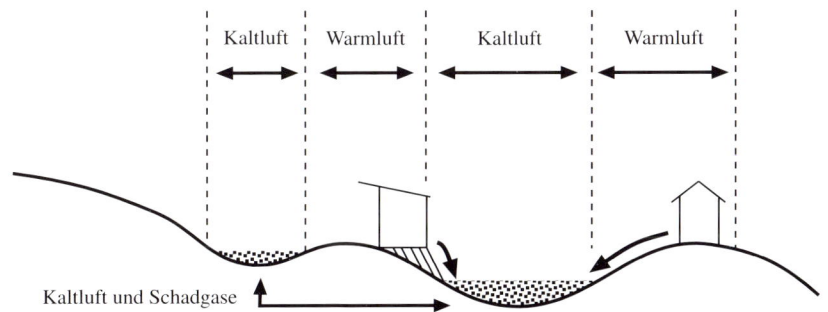

Quarter Horses und ähnliche bewegungsfreudigen Rassen) muß unbedingt genügend Platz – auch für einen ausgiebigen Galopp – bleiben (zwei bis drei Hektar). Harte Stopps in zu kleinen Koppeln erhöhen die Verletzungsgefahr, machen sich auf die Dauer insbesondere bei jungen Pferden durch Veränderungen im Skelett und Bewegungsapparat (Sehnen!) und letztlich durch vermehrte Lahmheitserscheinungen bemerkbar. Große Koppeln besitzen außerdem ein besser strukturiertes Kleinklima oder es wird durch eine benachbarte Hecke beziehungsweise ein paar hochstämmigen Bäumen Schutz vor Sonne, Wind und Regen angeboten. Während eine kleine Wiese oft nur ein anderer Aufenthaltsort ist, kann eine großflächige zum abwechslungsreichen Lebensraum werden, in dem sich die Pferde weitgehend frei entfalten und ihrem natürlichen Wanderverhalten nachkommen.

Mein Tip

Windschutz

Im Zuge der Flurbereinigung wurden sehr viele Feldhecken abgeholzt, weshalb in weitläufigen Landschaftsstrichen gerade während der Übergangszeit (Frühjahr und Herbst) Wind und Schlagregen in der Pferdehaltung ein großes Problem darstellen können (verringerte Freßzeiten, Gefahr von Erkältungskrankheiten). Langfristig kann hier nur empfohlen werden, wieder Anpflanzungen vorzunehmen. Am besten setzt man sie an die Stellen, an denen sie früher wuchsen, da die alten Bauern ihre Scholle sehr genau kannten und die Hecken zweckorientiert setzten. In vielen Landwirtsfamilien gibt es alte Fotoalben, deren Bildwerke man zur Vorlage nehmen kann.

Kurzfristige Abhilfe schaffen sogenannte Windschutznetze, die im Spezialhandel erhältlich sind (erkundigen Sie sich auf landwirtschaftlichen Messen, wie zum Beispiel der Grünen Woche in Berlin).

Bei der Auswahl einer geeigneten Pferdekoppel sollte man beachten, daß unterschiedliche Pferderassen, Alters- und Nutzungsgruppen verschiedene Ansprüche an ihre Weide stellen. Während kleine Ponyrassen sich auf einer sparsam bewachsenen Magerwiese bis in den frühen Winter hinein pudelwohl fühlen, würden empfindlichere Warm- und Vollblüter schon nach kurzer Zeit kümmern und krank werden. Die traditionsbewußten Briten zeigen uns in diesem Fall, worauf es ankommt. Die Zentren der Voll- und Warmblutzucht liegen in den milden Klimazonen in saftigen, flachen oder sanft welligen Wiesen im Südwesten Englands, während in den Bergregionen von Wales, Cumbrien oder Schottland die robusten, an das bäuerliche Leben angepaßten Ponyrassen Welsh, Fell und Highland (in ganz extremen Lagen das Shetland) dominieren.

Achtung!

Insekten

Ein häufig nicht genug beachteter Faktor bei der Auswahl von geeigneten

Robuste Rassen wie diese Isländer trotzen nach entsprechender Eingewöhnung auf der Weide Wind und Wetter.

Pferdeweiden ist die Belastung mit Insekten. Waldränder und Moorgebiete, sowie die Ufer von stehenden Gewässern sind bevorzugter Aufenthaltsort von Bremsen (*Tabaniden*). Stechmücken (*Culciden*) benötigen zur Entwicklung ihrer Larven ruhige Wasserstellen, wie Seen, Tümpel oder Wassergräben, aber auch Pfützen, die Regentonne oder einen Wassereimer, der mehrere Wochen ungeleert stehen bleibt. Die Larven der Stechfliegen (die bekannteste ist der Wadenstecher) dagegen entwickeln sich im Pferde- oder Rindermist, so daß nur peinliche Hygiene dazu beitragen kann, die Belastung gering zu halten.

Die gesundheitlichen Schäden, die von den sechsbeinigen Plagegeistern angerichtet werden, sind im Übrigen nicht zu unterschätzen, denn neben dem „bloßen Scheuern" an Schweif und Mähne ist es bei starkem und massenhaftem Befall von Kriebelmücken bei Rindern und Pferden auch schon zu Todesfällen gekommen.

Man kann nicht davon ausgehen, daß in jedem Fall eine vollständige Ernährung des Pferdes durch das Weidegras möglich ist. Die Futterwerte der einzelnen Pflanzen sowie des Weidegrases insgesamt schwankt nicht nur regional ganz erheblich, sondern verändert sich auch noch stetig im Laufe der Vegetationsperiode. Generell nehmen die Futteransprüche von Pferden mit dem Ver-

Tabelle: Nährstoffgehalte einzelner Futtermittel für Pferde (nach DLG Futterwerte für Pferde, Meyer 1979)

Futtermittel	TM g	Rohfaser g	verd. Prot. g	verd. Energie MJ	Ca g	P g	Na g
Gras grün, jung	180	45	30	2,1	1,5	0,8	0,1
Gras in Blüte	210	54	28	1,9	1,7	0,7	0,1
Rotklee, Blüte	870	280	75	8,4	15	3,4	0,5
Stroh	870	400	9	5,4	2,0	0,7	0,5
Wiesenheu, Blüte Beginn	870	270	52	7,5	5,1	2,3	0,2
Ende Blüte	870	290	50	7,1	5,0	2,1	0,2

edlungsgrad (Richtung Sportpferde) zu. Zuchtstuten mit Fohlen sowie Jungpferde besitzen ebenfalls einen höheren Anspruch an Protein und Energiegehalt sowie an einen ausgewogenen Anteil Mineralstoffe und Vitamine. Auch wird Weidegang rund um die Uhr nicht immer vertragen: hochblütige Pferde vertragen oft weder den kühlen Juliregen über mehrere Tage, noch die starken Temperaturschwankungen während der Übergangszeiten im Frühjahr und Herbst. Die Robusten dagegen laufen bei zu viel und zu reichem Weidegras schnell Gefahr zu verfetten oder sogar zu Reheanfällen. Zu hohe Milchleistung von Mutterstuten dieser Rasse kann bei empfindlichen Fohlen zu massiven Durchfällen führen. Trotzdem wirkt sich gezielter Weidegang für jede Gruppe von Pferden physisch wie psychisch generell positiv aus.

Rechts: Auf einer Weide können sich bewegungsfreudige Pferde austoben.

Tabelle: Mineralstoffgehalte einiger Kräuterarten (nach J. Rieder)

Pflanze	Phosphor	Kalium	Calcium	Magnesium
	in Prozent Trockenmasse beim 1. Aufwuchs			
Löwenzahn	0,43	3,5	0,75	0,29
Sauerampfer	0,60	3,4	0,4	0,32
Schafgarbe	0,55	5,2	1,0	0,22
Kälberkropf	0,64	5,3	0,9	0,45
Wiesenknöter.	0,50	3,2	0,6	0,48
Frauenmantel	0,48	2,9	0,9	0,27
Wiesenkerbel	0,50	3,8	1,3	0,27
Bärenklau	0,55	4,3	1,6	0,42

Auf einen Blick

Calcium: Natürliches Vorkommen im Hafer, Weidegras und seinen Produkten. Im ersten Aufwuchs ist der Gehalt häufig nicht ausreichend, in Luzerne- und Kleeheu findet man dagegen einen Überschuß vor. Von erheblicher Bedeutung ist das Calzium-zu-Phosphor-Verhältnis. Es sollte nicht unter 1:1 und nicht über 3:1 liegen.

Mangelerscheinungen wirken sich in erster Linie im Skelett aus: Bei Fohlen und Jungpferden werden die Knochen nicht genügend mineralisiert, es kommt zu Knochenauftreibungen und Frakturneigungen. Ältere Pferde neigen dazu, das Skelett zu demineralisieren, bei Zuchtstuten mit Saugfohlen kann es zu Tetanie kommen. Frühes und abnormes Schwitzen bei Sportpferden kann häufig auf einen Calziummangel zurückgeführt werden.

Phosphor: Getreideprodukte sind reich an Phosphor (besonders Weizenkleie). Bei absolutem Mangel wird bei jungen Tieren das Skelett ungenügend mineralisiert, bei erwachsenen Tieren kommt es zur Demineralisierung. Zu erhöhter Phosphorausscheidung kommt es insbesondere, wenn viel junges, rohfaserarmes Gras aufgenommen wird.

Magnesium: Auf der Weide wird dieses Element selten genügend resorbiert. In Leguminosen (Klee) ist es reichlich vorhanden, auf intensiv gedüngten und einseitig bewachsenen Weiden tritt fast immer ein Mangel auf. Magnesiummangel führt zu erhöhter Erregbarkeit bis zu Tetanien. Bei der Fohlenaufzucht kommt es zu Wachstumsstörungen.

Natrium: Gerade beim Weidegras (und seinen Produkten) liegen die Werte oft sehr niedrig, aber auch im Getreide fehlt es. Zu wenig Natrium und Chlor zeigen sich in Freßunlust, geringer Leistung, Darmstörungen (Dickdarmverstopfung) und in schweren Fällen auch in Kreislaufstörungen.

Kalium: Kalium ist im Normalfall in Weidegras ausreichend enthalten.

Eisen: In so ziemlich allen Futtermitteln ist Eisen ausreichend vorhanden. Bei Hochleistungspferden, Saugfohlen und schnellwüchsigen Jährlingen kann es hin und wieder zu Mangelerscheinungen kommen. Der Anteil der roten Blutkörperchen geht zurück, was zur Leistungsschwäche und Anfälligkeit für Infektionen führt.

Ansprüche der Pflanzen

Wiesenpflanzen sind Spezialisten, die ihren Lebensrhythmus an Schnitt beziehungsweise Fraß angepaßt haben. Darüberhinaus gibt es im Grünland noch andere Arten, die nur unter ganz bestimmten Lebensbedingungen wachsen können. In diese Gruppe fällt die Mehrzahl der Wiesenkräuter.

Mein Tip

Wiesenkräuter kultivieren
Die meisten einheimischen Wiesenkräuter sind sehr starke Standortspezialisten. Vor einer teuren Direktaussaat in die Pferdeweide sollte man eine Probesaat in einer kleinen Rabatte durch-

Auf der bunt blühenden Weide fühlt sich dieses Pferd sichtlich wohl.

führen. Samen oder Jungpflanzen bekommt man in Spezialgärtnereien (Bitte niemals Pflanzen oder Samen der freien Natur entnehmen!). Wachsen die Jungpflanzen in diesem Testbeet gut an oder beginnen sie sogar sich selbständig zu vermehren, kann man davon ausgehen, daß sie sich auch auf der Pferdeweide gut durchsetzen werden.

Für Pflanzen, die nicht wild wachsen würden, die man jedoch wegen ihrer Eigenschaft als Heilpflanze (zum Beispiel Bergarnika oder Johanniskraut) trotzdem kultivieren möchte, kann man in speziellen Beeten (zum Beispiel einer Kräuterspirale) die nötigen Voraussetzungen schaffen.

Gerade im Pferdebereich wurde in letzter Zeit vermehrt damit geworben, Wildkräuter zu rekultivieren. Leider sind jedoch unvorbereitete Aussaatversuche zum Scheitern verurteilt. Werden ihre spezifischen Lebensbedingungen nicht genau erfüllt, so sind sie nicht in der Lage zu gedeihen.

Weit wichtiger als nicht durchdachte und sehr teuere Nachsaaten von Wiesenkräutern ist es daher, der Artenverarmung vorzubeugen, indem man wertvolle Auwiesen, Magerrasen und Berghänge schützt. Da gerade diese wegen ihrer geringeren Wirtschaftlichkeit für den Landwirt den Pferdehaltern angeboten werden, liegt es heute vielerorts in deren Händen, durch vorsichtige Nutzung diese wertvollen Ökosysteme zu pflegen. In erster Linie heißt das, keine Naß- und Feuchtwiesen trocken zu legen, die Nutzungsintensität herabzusetzen, sowie keine oder nur mäßige Düngergaben aufzubringen.

Doch nicht jeder, der eine Wiese kauft oder pachtet, erwirbt gleichzeitig ein wertvolles Biotop. Es ist zwar eine Tatsache, daß Wiesenkräuter neben Gräser- und Kleearten ein natürlicher Bestandteil jeder Pferdeweide sind und kräuterlose Monokulturen deshalb keinesfalls das Ziel guter Grünlandbewirtschaftung sein können. Allerdings sind Artenvielfalt und prozentualer Anteil der Wiesenkräuter regional sehr unterschiedlich. Beides nimmt generell mit fallender Höhenlage ab. Küstennahe Marschwiesen werden immer kräuterärmer sein, als kalkhaltige Südhänge im Mittelgebirge oder den Alpen. Auf ersterer finden wir etwa zehn verschiedene Kräuterarten; auf Bergwiesen fünfzig bis siebzig. Bei jeder Art von Nutzung und bei jeder Form von Kultivierung müssen deshalb die regionalen Verhältnisse berücksichtigt werden.

Heilkräuter, wie hier der Beinwell, bereichern den Artenbestand unserer Wiesen.

Zeigerpflanzen im Grünland

- **Zeigerpflanzen für die Wasserversorgung**

Trockene Standorte:	Aufrechte Trespe (*Bromus erectus*)
	Fiederzwenke (*Brachypodium pinnatum*)
	Wundklee (*Anthyllis vulneraria*)
	Echtes Labkraut (*Galium verum*)
	Kleiner Wiesenknopf (*Sanguisorba minor*)
	Knolliger Hahnenfuß (*Ranunculus bulbosus*)
	Thymian (*Thymus pulegioides*)
	Wiesensalbei (*Salvia pratensis*)
Wechselfeuchte Standorte:	Rasenschmiele (*Deschampsia cespitosa*)
	Großer Wiesenknopf (*Sanguisorba officinalis*)
	Teufelsabbiß (*Succisa pratensis*)
Nasse Standorte:	Seggen (*Carex*)
	Binsen (*Juncus*)
	Kuckuckslichtnelke (*Lynchis flos-cuculi*)
	Großes Mädesüß (*Filipendula ulmaria*)
	Wiesenknöterich (*Polygonum bistorta*)

- **Zeigerpflanzen für den pH-Wert**

Alkalische Standorte:	Aufrechte Trespe (*Bromus erectus*)
	Fiederzwenke (*Brachypodium pinnatum*)
	Wundklee (*Anthyllis vulneraria*)
	Knäuelglockenblume (*Campanula glomerata*)
	Pastinak (*Pastinaca sativa*)
	Wiesensalbei (*Salvia pratensis*)
Sauere Standorte:	Borstgras (*Nardus stricta*)
	Schafschwingel (*Festuca ovina*)
	Weiches Honiggras (*Holcus montana*)
	Arnika (*Arnica montana*)
	Bärwurz (*Meum athamanticum*)
	Wiesen-Sauerampfer (*Rumex acetosa*)

- **Zeigerpflanzen für Nährstoffmangel**

	Borstgras (*Nardus stricta*)
	Rotes Straußgras (*Agrostis tenuis*)
	Zittergras (*Briza media*)
	Klappertopf (*Rhinanthus minor*)
	Teufelsabbiß (*Succisa pratensis*)
	Wucherblume (*Chrysanthenum segetum*)
	Augentrost (*Euphrasia officinalis*)

Tabelle: Ist- und Sollwerte von Nährstoffen im Grünfutter sowie die Ursachen ihrer Schwankungen.

	Gehalt pro kg Trockensubstanz	Variationsursache
verdauliche Rohfaser (g)	200–350	Einlagerung von Gerüststoffen mit zunehmender Alterung, höherer Anteil an Obergräsern
verdauliche Energie (MJ)	6–10	verändert sich umgekehrt proportional zur Rohfaser
verdauliches Rohprotein (g)	50–250	hohe Gehalte im jungen Gras und Futterklee
Calcium (g)	3–10	Optimum 5; höhere Gehalte bei vermehrtem Anteil an Klee und Kräutern, niedrigere bei jungen und/oder intensiv mit N und K gedüngten, aber auch überständigen und verholzten Pflanzen
Magnesium (g)	1–2,5	Optimum 1,8; Rest siehe Calcium
Phosphor (g)	2–5	Optimum 3,3; hohe Werte in jungen, proteinreichen Pflanzen bei bedarfsgerechter P-Düngung, geringe Gehalte auf sauren Böden und bei Trockenheit
Natrium (g)	0,1–2	Optimum 2,0; geringe Gehalte bei nicht bedarfsgerechter Düngung
Kalium (g)	10–35	Minimum 4,5; hohe Werte bei einseitiger Verwendung von PK-Düngern; Toleranzgrenze für Pferde schwankend
Eisen (mg)	ca. 60–500	Optimum 80–100; bodenabhängig
Kupfer (mg)	2–10	Optimum 10–15; niedrig in Sand, Moor oder Marsch und bei nicht bedarfsgerechter Düngung
Zink (mg)	15–50	Optimum 50
Mangan (mg)	40–300	Optimum 40; niedrige Gehalte in Sandböden oder hohem pH-Wert

Eine Weide für das Pferd

Wer vorher noch nie etwas mit Landwirtschaft zu tun hatte, für den ist es oft nicht einfach, überhaupt an Grünland zu kommen. Die ansässigen Bauern sind meistens skeptisch und geben ihr Land nicht gerne an Menschen, von denen sie nicht wissen, ob sie es auch gut pflegen. In anderen Gegenden ist es nicht so schwer, da viele Landwirte kurz vor der Rente stehen und ohne Hofnachfolger sind. Dann werden einem Pferdehalter manchmal ganz von selbst Wiesen zur Nutzung angeboten. Es gilt lediglich, möglichst günstige Konditionen für die Pacht oder den Kauf auszuhandeln.

Mein Tip

Wie findet man Pachtflächen?
Zur Pacht anfallende Wiesen oder Weiden werden meistens unter der Hand angeboten, so daß ein Außenstehender kaum eine Chance hat, davon zu erfahren. Eine Möglichkeit, in Kontakt mit den Landwirten zu treten, ist, ein Inserat in der Tageszeitung oder in landwirtschaftlichen Fachzeitschriften aufzugeben. Sucht man gezielt in einer bestimmten Region, so hilft es oft weiter, bei der Landwirtschaftskammer oder dem Amt für Agrarordnung nachzufragen. Doch auch Städte und Gemeinden verfügen immer über einen Teil landwirtschaftlicher Nutzflächen, die in bestimmten Abständen neu vergeben werden.

Wer Zeit hat, verläßt sich auf die gute alte Mundpropaganda. Gute „Verbreitungsadressen" sind Landmaschinenhändler, andere Pferdebesitzer oder auch der „Tante Emma Laden" im Dorf.

Pachten oder kaufen?

Die gängige Form, in der ein Landwirt einem anderen die Nutzung seiner Flächen zubilligt, ist die Pacht. Dabei überläßt der Eigentümer einem anderen sein Grundstück gegen eine jährliche Gebühr. Ein solches Pachtabkommen bei Grundstücken ist schon mündlich gültig, sollte jedoch – um allen Beteiligten Sicherheit zu geben – besser in schriftlicher Form erfolgen. Soll eine Pacht länger als ein Jahr gelten, ist sowieso ein Pachtvertrag erforderlich, der ohne Notar abgeschlossen werden kann.
Beachten Sie bitte weiterhin, daß in Gebieten, auf denen ein Landschafts- oder Naturschutz liegt, die sich in Jagdrevieren befinden oder für die ein Bebauungs- oder Flächennutzungsplan vorliegt, manchmal eine behördliche Genehmigung für bestimmte Nutzungsformen erforderlich ist.
Vor dem Kauf von Wirtschaftsland ist es noch wichtiger, genau darüber informiert zu sein, ob das zur Diskussion stehende Grundstück in der erstrebten Form genutzt werden kann. Ein Kauf-

---

Das soll ein Pachtvertrag beinhalten:
- Nummer und Name des Flurstückes
- Namen der Vertragspartner und deren eigenhändige Unterschrift (Faxunterschrift gilt hier nicht!)
- Art und Dauer der Nutzung
- Einverständnis zur Errichtung für zur artgerechten Haltung nötigen Einrichtungen, wie z. B. Zäune, Weidehütte, Tränken und ähnliches
- Regelung der Aufwendungen für Nebenkosten (Berufsgenossenschaft, Kammer usw.)

---

vertrag bedarf grundsätzlich der notariellen Form und wird anschließend ins Grundbuch eingetragen. Vor den Verhandlungen sollten Sie sich bei der Landwirtschaftskammer oder dem Amt für Agrarordnung nach den gängigen Preisen und dem wirtschaftlichen Wert der Fläche erkundigen. Wirtschaftsgrünland wird nämlich sehr oft zu völlig überzogenen Preisen angeboten, gerade wenn der Verkäufer erfährt, daß der Interessent Pferde halten möchte.

Wiesen neu anlegen

Viele Betriebe oder Pferdehalter, die sich dazu entschlossen haben, ihren Sportpartner, ihre Zuchtstuten oder Jungpferde in eigener Regie zu halten, müssen ganz von vorne anfangen. In den letzten Jahren verschwanden allerorts, bedingt durch den Produktionsdruck auf die Landwirtschaft oder Rentabilitätserwägungen, die angestammten Wiesen und wurden in ausgedehnte Äcker umgewandelt. Einen derart radikalen Eingriff in das Artengefüge kann auch der engagierteste Naturschützer in einer einmaligen Neuansaat nicht wieder gutmachen. Doch zum Glück ist die

Natur, wenn man ihr Zeit läßt und ein wenig Hilfestellung gibt, durchaus in der Lage, sich selbst zu regenerieren.

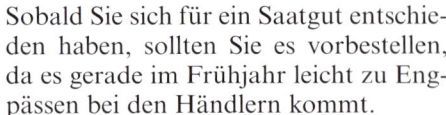

Mein Tip

Kauf von Saatgut
Verschaffen Sie sich vor dem Kauf von Saatgut Klarheit über die Standortbesonderheiten:
- Bodentyp,
- klimatische Gegebenheiten (insbesondere Frostperiode),
- geographische Gegebenheiten (Höhenlage, Untergestein, Ausrichtung am Hang) und
- regionale Besonderheiten (traditionelle Nutzungsform, Artenzusammensetzung der Nachbarwiesen).

Werden Sie sich über die Nutzungsform (Schnitt, Weide oder Mähwiese) klar. Lassen Sie sich von erfahrenen Grünland-Bauern beraten.

Sobald Sie sich für ein Saatgut entschieden haben, sollten Sie es vorbestellen, da es gerade im Frühjahr leicht zu Engpässen bei den Händlern kommt.

Erkundigen Sie sich nach den in der Region gängigen Standardmischungen (Händler, Landwirtschaftskammer) und passen Sie diese den speziellen Bedürfnissen der Pferde an (zum Beispiel Verzicht auf den Kleeanteil).

Das richtige Saatgut

Bei der Neuansat von Wiesen oder Weiden sollte man sich sehr gut beim Händler und der Landwirtschaftskammer beraten lassen. Machen Sie möglichst wenig Abstriche in der Qualität des Saatgutes, da kostengünstigere Ansaatmischungen Sorten beinhalten, deren Leistungsfähigkeit nach drei bis sechs Jahren stark nachläßt. Die Grasnarbe wird dann lückig, verunkrautet, und der Ertrag geht zurück.

Wer gleichzeitig mehrere Teilstücke neu einsät, für den kann es nützlich sein, Aussaatmischungen mit unterschiedlichen Reifezeitpunkten zu verwenden, denn in der Pferdehaltung ist es nicht so wichtig, auf der Weide eine möglichst große Menge an Grünfutter zu bekommen, sondern ein möglichst gleichmäßiges Futterangebot zu erreichen. Deshalb kann es durchaus sinnvoll sein, eine Weide mit einer vorwiegend frühreifen Sortenmischung anzusäen und eine andere mit einer vorwiegend spätreifen. Auf diese Art kann ein optimaler Nutzungszeitraum beim ersten Aufwuchs von vier bis sechs Wochen erreicht werden.

In der Folge unterscheidet sich auch die Ertragsentwicklung von frühen und späten Gräsern, wie uns am Beispiel von zwei in Norddeutschland verwendeten Weidelgräsersorten (Vigor, Gremie) gezeigt wird. Während die frühe Sorte bereits Ende April zum ersten Mal den

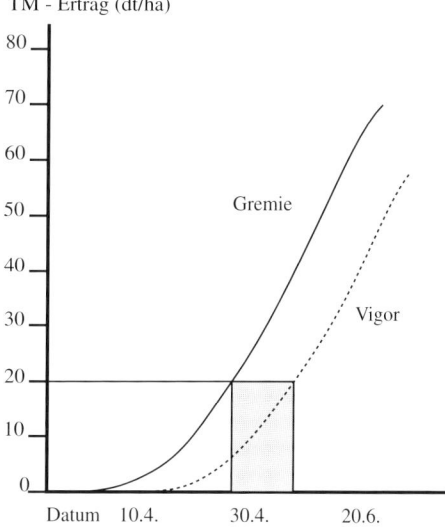

Frühe und späte Weidelgrassorten im Vergleich (nach Wulfes). TM = Trockenmasse
Die Ertragsentwicklung von frühen und späten Weidelgrassorten (Gremie und Vigor) unterscheidet sich stark. Während die frühe Sorte schon Ende April zum ersten Mal den Zeitpunkt der Weidenutzung erreicht, verzögert sich dieser bei der spätreifen Sorte bis Mitte Mai.

Zeitpunkt der Weidenutzung erreicht, verzögert sich dieser bei der spätreifen Sorte bis Mitte Mai. Noch stärker unterscheiden sich die beiden Sorten im Rohfasergehalt während der Vegetationsperiode. Dieser wiederum steht in engem Zusammenhang mit dem Futterwert. Der Rohfasergehalt der spätreifen Sorte steigt während des Wachstums zwar langsamer an als bei der frühreifen, jedoch zeigt er sich wesentlich nutzungselastischer. Das heißt in der Praxis, daß die frühreifen Sorten zwar deutlich schneller und früher wachsen, jedoch nach der ersten Beweidung schlechteren Ertrag liefern. Wählt man

Rohfasergehalt (% d. TM)

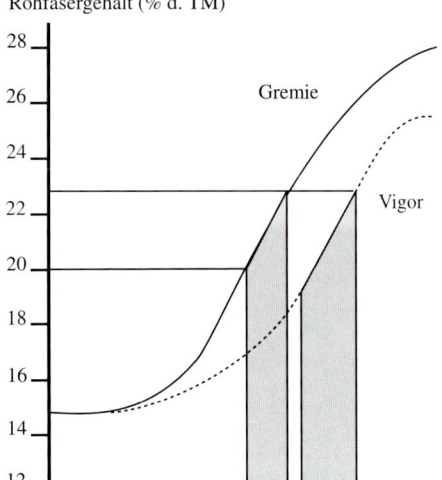

Frühe und späte Weidelgrassorten im Vergleich (nach Wulfes). TM = Trockenmasse
Noch stärker werden die Unterschiede der beiden Sorten im Rohfasergehalt deutlich, der seinerseits in engem Zusammenhang mit dem Futterwert steht. Für die Praxis bedeutet das, daß die frühreifen Sorten zwar schneller wachsen und eher zu nutzen sind, jedoch nach der ersten Beweidung schlechter als die spätreifen Sorten nachwachsen.

also ausschließlich frühe Sorten, so hat man nach einem Grasberg im Frühjahr im weiteren Verlauf des Sommers häufig Probleme, auf den Weiden ausreichend und qualitativ hochwertiges Futter zu bekommen. Aus diesem Grund sollte man nach Möglichkeit die Problematik bei den Beratungsstellen ansprechen und nicht immer gleich zu den Standardmischungen greifen.
Die unterschiedlichen Zuchtsorten von Aussaatmischungen zu kennen verlangt sehr viel Fachwissen, jedoch sollten die einzelnen Pflanzenarten geläufig sein.

Auf einen Blick

Erklärung zu den Pflanzenarten von Aussaatmischungen:
- **Deutsches Weidelgras** *(Lolium perenne)*: Untergras mit dichten, flachen Horsten, ausdauernde Verwendung in Gras- und Kleegrasmischungen zur mehrjährigen Nutzung; volle, generative Triebbildung nach der ersten Überwinterung.
- **Wiesenschwingel** *(Festuca pratensis)*: Ausdauerndes Obergras mit lockeren Horsten; winterhart, nicht zu trockene Standorte.
- **Wiesenlieschgras** *(Phleum pratense)*: Ausdauerndes Obergras mit lockeren Horsten; langsame Jugendentwicklung, unempfindlich gegen Kälte und Nässe.
- **Knäuelgras** *(Dactylis glomerata)*: Ausdauerndes Obergras mit lockeren Horsten; winterhart, widerstandsfähig gegen Trockenheit, sehr konkurrenzstark.
- **Rotklee** *(Trifolium pratense)*: Ein- bis mehrjährige Kleeart, proteinreiche Futterpflanze; volle Nutzung nach der ersten Überwinterung.
- **Weißklee** *(Trifolium repens)*: Ausdauernde, niedrigwachsende Kleeart; trittfest, tritt vorwiegend in Weiden auf.

Hält man sich jedoch vor Augen, wie teuer ein erneuter Umbruch und eine Neuansaat ist, so fährt man langfristig in jedem Fall mit dem Qualitätssaatgut besser. Der Laie steht der breiten Palette von Grünlandmischungen im Laden recht ratlos gegenüber. Achten Sie darauf, daß die Sortenmischung in Ihre Region paßt. Grassorten, die sich in den Mittelgebirgen hervorragend bewähren, können im Flachland völlig fehl am Platze sein.

Verschaffen Sie sich außerdem vor dem Kauf des teuren Saatgutes Klarheit über Boden- und Witterungsverhältnisse. Ist der Untergrund sandig, tonig, lehmig, alkalisch oder sauer? Ist mit starkem Frost zu rechnen? Liegt die Wiese sonnig oder schattig, am Waldrand oder am Südhang? Daneben ist es immer sinnvoll, eine Bodenanalyse vorzunehmen. Anschließend sollte man sich über die Nutzungsform der Wiese Gedanken machen: Will man sie beweiden lassen, mähen oder beides tun? Nach dieser Bestandsaufnahme scheiden bestimmte Gräsersorten von vornherein aus.

Der Händler wird Ihnen mit diesen konkreten Angaben ein Angebot machen, das sich vermutlich nur noch auf zwei oder drei Produkte beschränkt. Die Wahl sollte auf das Produkt fallen, dessen Zusammensetzung der für Pferde besonders geeigneten Mischung am ehesten entspricht:

Deutsches Weidelgras (Anteil ca. 40%),
Wiesenrispe (Anteil ca. 30%),
Lieschgras (Anteil ca. 20%),
Rotschwingel (Anteil ca. 10%).

Wer weder Kosten noch Mühe sparen will, der kann der Gräsermischung eine geeignete Kräutermischung beifügen lassen.

Im Grünland, das hauptsächlich beweidet werden soll, empfiehlt es sich, die Untergräser (Weidelgras und Wiesenrispe) dominieren zu lassen. Diese vertragen die Beweidung oft besser als langstielige Obergräser. Bei reiner Schnittnutzung wählt man den Anteil an Obergräsern entsprechend höher, da sie einen besseren Strukturwert für Heu oder Silage liefern. Weißklee wird durch die Beweidung gefördert und drängt im Laufe der Zeit schnell andere Futterpflanzen zurück. Auch mit Luzerne sollte man vorsichtig sein. Ihr Verzehr

Tabelle: Im Handel erhältliche Standardmischungen von Grassamen (nach Miltner, Berendonk, Riswick)

Art	Standard GII in Prozent	Standard GIII in Prozent	Standard GIV (Nachsaat) in Prozent
Deutsches Weidelgras früh	13	20	30
Deutsches Weidelgras spät	17	27	40
Wiesenschwingel	20	–	–
Wiesenlieschgras	17	17	–
Wiesenrispe	10	10	–
Rotschwingel	–	–	–
Weißklee*	6	6	–

führt bei manchen Pferden an den hellhäutigen Stellen unter Sonneneinstrahlung zu Sonnenbrand.

Nachdem das Saatgut ausgewählt und gekauft wurde, muß der ehemalige Ackerboden für die Einsaat vorbereitet werden. Gräser und Wiesenblumen stellen an den Boden ganz andere Ansprüche als Ackerpflanzen. Gepflügte Ackerböden müssen rückverfestigt werden, weil Gräser verdichteten Boden bevorzugen. Auch eine Stoppelsaat ist möglich, vorausgesetzt es ist kein Spritzfilm mehr vorhanden, der das Gräserwachstum dauerhaft unterdrückt. Bei der Stoppelsaat wird der Boden vor der Aussaat lediglich mit dem Grubber leicht angerauht. Da die wenigsten Pferdehalter über geeignete Maschinen verfügen, ist es sinnvoll, einen Lohnunternehmer oder den verpachtenden Landwirt damit zu beauftragen. Bei schonender Nutzung kann bereits im folgenden Frühjahr beweidet werden.

Grünlandeinsaaten können prinzipiell während der gesamten Vegetationsperiode erfolgen. Der günstigste Zeitpunkt ist jedoch das Frühjahr (April/Mai) oder der Spätsommer (Mitte August bis Mitte September). Im Mai sind die schlimmsten Fröste bereits vorüber, gegen den die zarten Keime besonders empfindlich sind. Der Boden ist noch reichlich mit Wasser versorgt, was eine gute Keimung und Jugendentwicklung begünstigt. Im Spätsommer dagegen ist die Konkurrenzkraft der Ackerunkräuter nicht mehr so stark. Diese sind grundsätzlich nicht dieselben wie im Frühjahr, weshalb ihre Bekämpfung auch anders erfolgen muß (siehe dazu

Tabelle: Empfehlung für Einsaaten zur Futtergewinnung bei mehrjähriger Nutzung (nach Berendonk)

Pflanzenmischung	Saatgutmenge in Kilogramm pro Hektar	Saatzeit	Kosten in DM pro Hektar
Deutsches Weidelgras Welsches Weidelgras Bastardweidelgras	17,5 10,5 7	März/April oder Juli/August	160
Wiesenschwingel Deutsches Weidelgras Bastardweidelgras Lieschgras	10 8 8 5	März/April oder Juli/August	125
Wiesenschwingel Knäuelgras Lieschgras	12 10 8	März/April oder Juli/August	120
Deutsches Weidelgras Lieschgras Wiesenrispe Knäuelgras	10 5 3 12	März/April oder Juli/August	135

Kapitel: Der erste Aufwuchs). Welcher Aussaatzeitpunkt schließlich gewählt wird, muß im Einzelfall entschieden werden.

Die Saat selbst erfolgt mit der Drillmaschine. Das Saatgut wird dabei 1,5 bis zwei Zentimeter tief in den Boden gesetzt. Der Samen sollte nicht zu tief in den Boden gelangen, da die zarten Keime der Gräser sonst zu lange brauchen, um an die Erdoberfläche zu gelangen. Danach heißt es warten.

Der erste Aufwuchs

Nicht immer geht alles nach Wunsch, nachdem der Samen im Boden ist. Die Hauptschwierigkeiten, mit denen der Neuaufwuchs zu kämpfen hat, sind einerseits ungünstige Witterungsverhältnisse (Trockenheit oder Verschlämmung, Spät- oder Frühfröste) und andererseits Probleme im natürlichen Prozeß der Bestandsbildung. Lästige Störenden und selbst stark genug sind, sich gegen die Konkurrenten durchzusetzen, muß der Mensch oft bestandslenkend eingreifen, das heißt dafür sorgen, daß die kampfstarken Unkräuter kurz gehalten und gleichzeitig die etwas schwächeren Komponenten der Aussaatmischung wie Wiesenrispe und Lieschgras geschützt werden.

Möglichst enge Drillreihen sind eine wichtige Vorbeugemaßnahme gegen die Verunkrautung, weil sie dazu beitragen, daß sich die Grasnarbe rasch schließt. Auch ein frühes „Schröpfen" durch Schnitt oder Beweidung unterstützt das Graswachstum. Gerade auf ehemaligen Ackerflächen ist die Stickstoffdüngung nicht zu empfehlen, da eine Überversorgung die Aggressivität kampfstarker Arten fördert.

Selbst nach einem starken Unkrautbefall der neu eingesäten Flächen kann das Problem auch ohne chemische Keule in den Griff bekommen werden.

Verunkrautung vorbeugen
- Auf ausreichende Bodenfeuchte achten (zum Beispiel nach oder vor leichtem Regen säen),
- enge Drillreihen setzen,
- harmonische Stickstoffdüngung (keine Stickstoffüberversorgung und keine Gülledüngung!),
- Schröpfschnitt oder kurzfristige Beweidung ab einer Bewuchshöhe von 15–20 Zentimeter. Beim Schnitt auf eine Stoppellänge von ca. 6–8 Zentimeter achten.
- Bei Bedarf Nachsaat mit Standardnachsaatmischung (20 Kilogramm pro Hektar).

---

friede machen den jungen Keimlingen zu schaffen. Die konkurrenzstarken Ackerunkräuter schwächen die aufkeimenden Gräser oder ersticken sie sogar. Bis die Gräser anfangen, Horste zu bilden. Bei vielen dieser ungebetenen Gäste handelt es sich um Ruderalpflanzen, also Pflanzen, die offene Flächen lieben und bei entsprechender Hege der mehrjährigen Wiesenpflanzen, deren Konkurrenzkraft zum Opfer fallen. Die drei häufigsten Vertreter sind die Vogelmiere, die Ackermelde und die Kamille. Für alle drei sind keine Herbizide notwendig. Sie vertragen keinen Schnitt oder Verbiß. Haben die Gräser kleine Horste gebildet (Wuchshöhe etwa 15–20 Zentimeter), können Pferde, Rinder oder Schafe bei trockenem Wetter ihren ersten Einsatz haben. In eng umgrenzten Flächen zwingt man sie zum Verbiß dieser unerwünschten Pflanzen. Da die Weidetiere diese Pflanzen nicht gerne fressen und im Normalfall stehen lassen würden, hält man die Fläche so gering, daß sie innerhalb von vier bis sieben Tagen gut abgefressen ist. Nach dieser Zeit fangen die jungen Gräser wieder an zu wachsen. Einen nochmaligen Verbiß vertragen die Pflänzchen schlecht, so daß man die gegenteilige Wirkung des erhofften Effekts erzielen würde. Auf diese Art und Weise wird in kleinen Portionen die Weide abgegrast und von Unkraut gesäubert. Anschließend entfernt man die Tiere von der Weide und sammelt den Mist ab. Die Lücken in den Beständen werden per Hand gezielt nachgesät. Beim nächsten Aufwuchs ist bereits erheblich weniger Unkraut zu finden: Zum einen konnten sich diese nicht weiter ausbreiten, weil sie am Aussamen gehindert wurden, zum anderen konnten sich die Wiesenpflanzen besser durchsetzen, da sie Licht und Platz bekommen hatten. Ein solches Vorgehen eignet sich besonders bei trockenem Boden, damit der Tritt der Tiere die Pflanzen nicht so stark schädigt. Bei feuchten Wiesen werden verunkrautete Flächen besser mit dem Häcksler abgemäht. Die Mahd hat allerdings den Nachteil, daß niedrig wachsende Unkräuter wie die Vogelmiere nicht ausreichend geschnitten werden und sich weiterentwickeln. Außerdem muß das Schnittgut unbedingt abgefahren werden, da die jungen Pflanzen unter dem Mulch ersticken würden.

Die erste Nutzung

Die erste eigentliche Nutzung der neu eingesäten Wiese oder Weide erfolgt im darauffolgenden Jahr, denn viele Arten entwickeln erst nach einem Winter die volle generative Triebbildung. Im Laufe des Sommers sollte eine ausreichende Düngung vorgenommen werden. Diese verteilt man am besten auf eine Grunddüngung im Frühjahr und zwei weitere Folgedüngungen nach jeder Nutzung. Eine allgemeine Richtlinie zur Stickstoffdüngung entnehmen Sie bitte der Tabelle Stickstoffgabe auf Grünland. Generell sollte jedoch immer bedarfsgerecht nach Bodenanalyse gedüngt werden. Unter relativ trockenen Bodenverhältnissen und bei nicht zu tiefer Nutzung, einem nicht zu hohen Pferdebestand mit eher weniger lebhaften Tieren (z. B. Zuchtstuten oder ältere Pferde) kann die Wiese sofort beweidet werden, was der Bestockung an sich gut tut. Unbedingt vermieden werden sollten jedoch Trittschäden sowie Überweidung gerade im ersten Jahr. Schäden an der Grasnarbe müssen sofort durch eine Nachsaat per Hand oder mit der Drillmaschine geschlossen werden. Bedenken Sie außerdem, daß die Wiese gerade im ersten Jahr besonders leistungsfähig ist, und das Futter (insbesondere der erste Aufwuchs) einen besonders hohen Proteinanteil beinhaltet, was nicht jedes Pferd verträgt (Durchfälle! Rehegefahr!).

Rundholzzaun mit einer Litze Elektroband
Holz ist ein beliebtes Material für Pferdezäune.
Da dieser Naturstoff dem biologischen Zerfall
unterworfen ist, müssen Holzzäune regelmäßig
kontrolliert und gewartet werden.

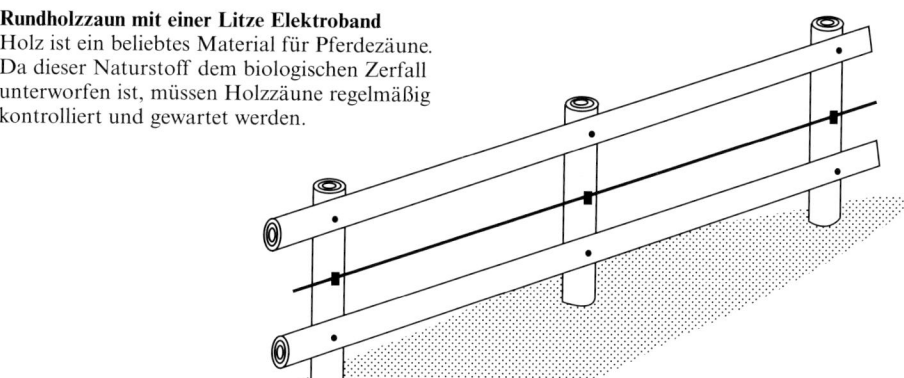

Wer sich zur Schnittnutzung entschließt, sollte ebenfalls nur bei gut ab-
getrocknetem Boden die Wiese befahren
(Spurrillen durch den schweren Traktor) und auf einen Schnitt nicht unter
sechs bis acht Zentimetern achten.

Der Weidezaun

Zwar bleiben Pferde in einem einmal gewählten Territorium, solange es dort
ausreichend Nahrung und Schutz gibt,
jedoch existieren heute nur wenige
zaunlose Territorien für freilebende
Pferde (zum Beispiel die Camargue, die

Fells in Cumbrien, die walisischen
Berge). So kommt der Pferdehalter hierzulande nicht umhin, Weidezäune zu er-
richten und für deren Instandhaltung zu
sorgen.
Prinzipiell engen Zäune den Freiraum
unserer Pferde ein und sollten deshalb
stabil, verletzungs- und möglichst aus-
bruchsicher (also gut sichtbar und Respekt einflößend) sein. Je nachdem welche Pferde darin gehalten werden, sollte
ihre Höhe 120 bis 150 Zentimeter betragen. Für die Weidepfosten, die zu etwa
einem Drittel in die Erde gesetzt werden, bedeutet dies eine Gesamtlänge

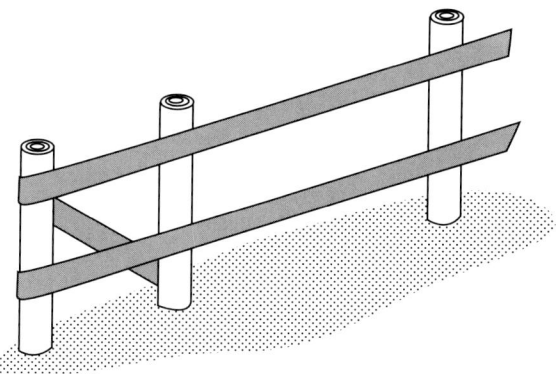

Gummibandzaun
Die Eckpfosten von Zäunen mit
Gummiband sollten durch
schräg gesetzte Stützen oder
durch im Boden liegende Querhölzer abgestützt werden. Außerdem müssen sie regelmäßig nachgespannt werden.

von 180 bis 225 Zentimetern. In aller Regel handelt es sich – zumindest bei den Eckposten – um Massivholz, das aus Hartholz (Rund- oder Eichenspaltholz, Telefonmasten oder druckimprägnierte Alternativen) besteht. Beachtet werden sollte weiterhin, daß die Ecken möglichst abgerundet werden, so daß ein rangniedriges Pferd leicht ausweichen kann, wenn es gejagt wird. Die Zwischenposten sollten jeweils in einem Abstand von 2,50 bis 4,00 Metern gesetzt werden. Ihre Einschlagtiefe schwankt je nach Zaunsystem. Die Eckposten sollten möglichst durch schräg gesetzte Stützen oder durch im Boden liegende Querhölzer abgestützt werden, wenn es sich um Zugsysteme (Gummiband, Spanndraht und ähnliches) handelt. Holzzäune sollten unbedingt – zum Beispiel durch vorgelagerte E-Zäune – vor dem Verbiß oder dem Gegenlehnen (Scheuern) geschützt werden. Die Latten werden grundsätzlich von innen gegengenagelt, um zu verhindern,

daß ein Pferd das Querholz nach außen wegdrückt. Gegen das schnelle Verrotten des Holzes hilft eine Imprägnierung mit ungiftiger Lasierung. Wem der Aufwand dafür zu groß ist, sollte wenigstens den Teil der Holzpfähle einstreichen, der im Erdboden versenkt wird. Elektrodrahtzäune müssen regelmäßig nachgespannt werden: nur dann stellen sie keine allzugroße Gefahr für die Pferdebeine dar. Elektrobänder sollten eine Hütespannung von mindestens 2000 Volt besitzen (täglich überprüfen!).

Zäune stellen ein nicht unerhebliches Sicherheitsrisiko dar, weshalb die wichtigste Aufgabe des Pferdehalters in erster Linie darin bestehen wird, diesen in einem ordnungsgemäßen Zustand zu halten. Aus eigener, leidvoller Erfahrung weiß ich, daß es den absolut sicheren Weidezaun nicht gibt. Jedes System beinhaltet seine Risiken, und deshalb soll in diesem Zusammenhang keine allgemeingültige Empfehlung gegeben werden.

Profilholzzaun mit Elektroband auf Abstandhaltern
Um die Pferde vom Scheuern oder Nagen am Zaun abzuhalten, sollte man den Holzzaun zusätzlich mit Elektroband versehen.

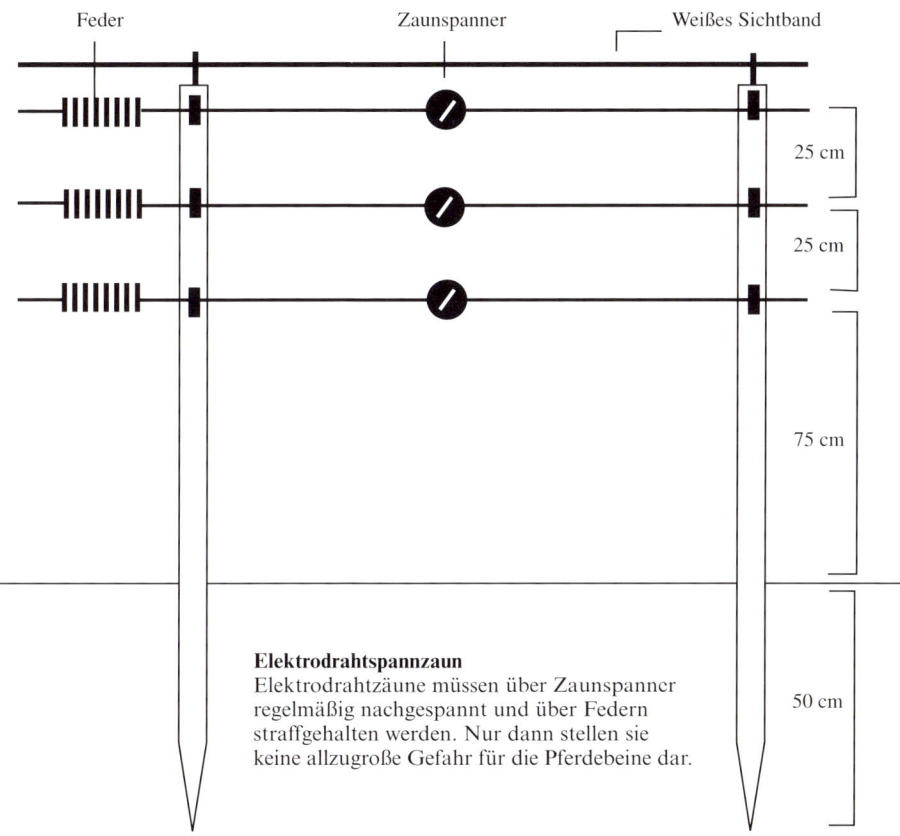

Feder   Zaunspanner   Weißes Sichtband

25 cm

25 cm

75 cm

50 cm

Elektrodrahtspannzaun
Elektrodrahtzäune müssen über Zaunspanner
regelmäßig nachgespannt und über Federn
straffgehalten werden. Nur dann stellen sie
keine allzugroße Gefahr für die Pferdebeine dar.

Achtung!

Abgelehnt werden muß in jedem Fall
Stacheldraht (auch wenn ein anderes
Zaunsystem, wie zum Beispiel Elektrozaun vorgeschaltet wird!), sowie
Drahtzaun, der nicht gespannt werden
kann (auch Schafgitterzaun oder Wild-
gitterzaun), und die sehr gängige Elek-
trokordel (sie reißt nicht, wenn ein Tier
mit dem Fuß hineingerät!). In allen diesen Fällen sind schwere Verletzungen

sehr häufig. Einlitziger E-Zaun, wie er
in der Rinderhaltung üblich ist, bietet
darüber hinaus keine Hütesicherheit,
weil er von Fohlen nicht wahrgenom-
men wird.

Weidezäune sollen aber nicht nur die
Pferde davon abhalten, frei in der Landschaft umherzustreifen, sondern diese
auch vor unliebsamem Besuch wie
streunenden Hunden, spielenden Kin-
dern und fröhlich fütternden Passanten
zu schützen.

Elektrobreitbandzaun
Elektrobänder sind relativ windempfindlich und eignen sich als alleinige Einzäunung nur in geschützteren Lagen. Ponys respektieren ihn nur bei entsprechend hoher Hütespannung von 2500 bis 3000 Volt und mehrreihiger Litzenführung.

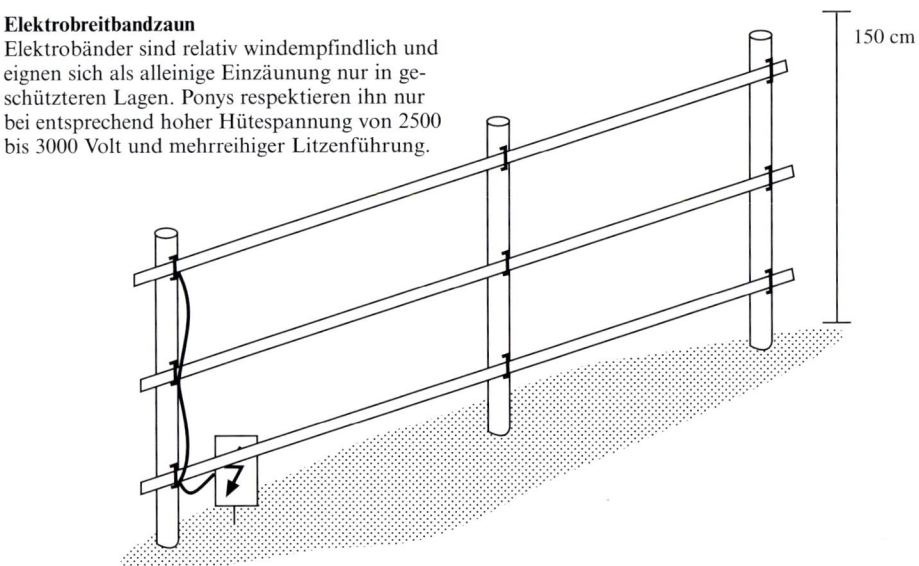

150 cm

Auch aus diesem Grund sollte der Weidezaun Mensch und Tier Respekt einflößen und eine natürliche Schranke bilden. Ein geeignetes Mittel hierzu wäre beispielsweise das Anpflanzen von dornigen Hecken auf der Zaunaußenseite (siehe dazu auch Kapitel Weideunterstand), Steinmauern (wie sie in Nordengland und Irland üblich sind), Gräben, wie man sie aus Norddeutschland kennt, und vieles andere mehr. Auch Warnhinweise auf Schildern sind nützlich. Generell müssen Zäune, um rechtlich gesehen hütesicher zu sein, lediglich aus zwei Latten oder Litzen bestehen, und die Einzäunung einer Hengstweide sollte mindestens zehn Prozent höher sein, als das Stockmaß des darin gehaltenen Tieres. Stabile Materialien verstehen sich jedoch von selbst.

Tabelle: Zaunsysteme im Überblick

Zaunsystem	Hütesicherheit	Anschaffungskosten	Wartung
Holzzaun (Naturholz)	gut	mittel	intensiv
Holzzaun (imprägniert)	gut	hoch	mittel
Kunststoff	gut	hoch	gering
Gummiband	sehr gut	hoch	mittel bis hoch
Breitband	gut	hoch	mittel
Elektroband	ausreichend	mittel	mittel
Elektrospanndraht	gut	mittel	mittel

Achtung Pferdeklau!

Pferdediebstahl, Vandalismus und Tierquälerei sind heutzutage leider keine Einzelfälle mehr. Hier deshalb ein paar Tips der Kriminalpolizei zu diesem Thema.

- Verzichten Sie auf die Pacht von weit abgelegenen Weiden, die nicht regelmäßig überwacht werden können.
- Integrieren Sie Ihre Nachbarn, Freunde und regelmäßige Spaziergänger (z. B. Hundebesitzer, Jäger und Förster) in die Überwachung von Tieren und Weidezäunen.
- Sprechen Sie mit der ortsansässigen Polizei: Informieren Sie diese darüber, welches Auto/Pferdeanhänger Sie selbst benutzen, damit fremde Hänger rasch identifiziert werden können.
- Halten Sie Kontakt zu anderen Pferdebesitzern, damit regelmäßig an Pferdekoppeln auftauchende Fahrzeuge ausgemacht werden können, denn oftmals suchen Spähtrupps im Vorfeld nach geeigneten Pferdeställen, an denen Tiere oder Sattelzeug leicht gestohlen werden können.
- Variieren Sie die Zeiten, an denen Sie zu den Pferden gehen, damit sich ein eventueller Dieb nicht auf einen festen Rhythmus einstellen kann.
- Alarmanlagen und Bewegungsmelder sind nur in unmittelbarer Nähe Ihres Wohnhauses sinnvoll, denn ein Alarm nutzt nur dann etwas, wenn er von einem Menschen gehört wird, der anschließend etwas unternimmt. Dasselbe gilt für Wachhunde.
  Falls Sie einen Einbrecher auf frischer Tat ertappen, sollten Sie – Ihrer eigenen Sicherheit wegen – einer Konfliktsituation aus dem Weg gehen: Lautes Rufen verscheucht den Eindringling zumeist.
- Versuchen Sie sich Auto- oder Hängerkennzeichen zu merken.
- Prägen Sie sich Gesicht, Statur und ungefähres Alter der Einbrecher gut ein, damit Sie anschließend eine möglichst genaue Täterbeschreibung abgeben können.

Schutz vor Wind und Wetter

Auch die robusten Ponys bevorzugen es, sich während der heißen Stunden im Hochsommer in den Schatten zu stellen oder die Möglichkeit zu haben, sich vor den Unbilden eines stürmischen Herbstes in ein geschütztes Plätzchen zurückziehen zu können. Auf Weiden ohne natürlichen Schutz vor Sonne, Wind und Niederschlägen darf man deshalb auf eine Schutzhütte, mindestens in Form eines dreiseitig geschlossenen Unterstandes, nicht verzichten.

Fast immer ist das Aufstellen eines solchen Gebäudes genehmigungspflichtig. Vor dem Kauf oder der Pacht einer Weidefläche sollte deshalb unbedingt abgeklärt werden, ob sowohl Verpächter als auch Behörden mit dem Aufstellen einverstanden sind. Schwarzbauten sind sehr riskant und ein Abriß nicht nur teuer, sondern auch gleich mit einer Geldstrafe verbunden.

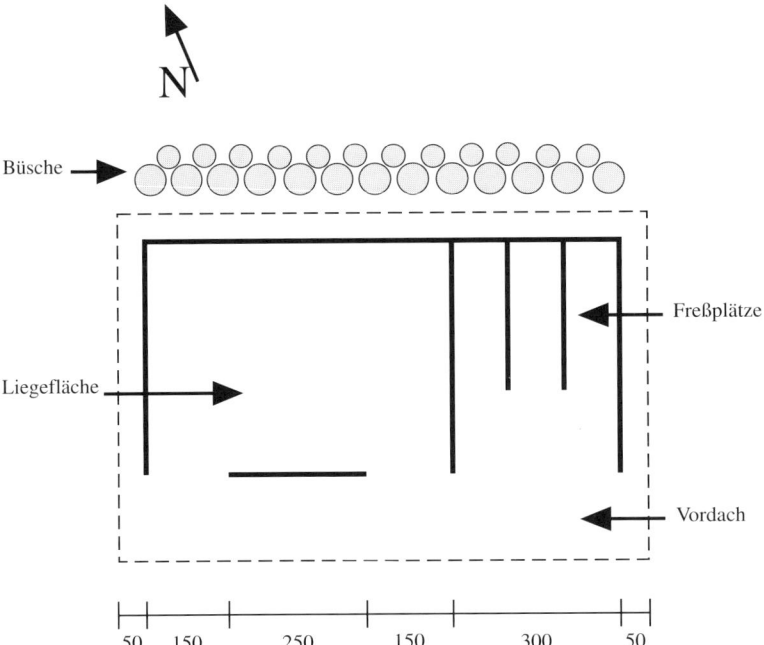

Schutzhütte mit Hecke in Anlehnung an die Empfehlung der FN

Fast immer muß man das Aufstellen einer Weidehütte von der Baubehörde genehmigen lassen. Man benötigt dazu eine einfache Instruktionszeichnung, aus der Aussehen und Größe des vorgesehenen Bauwerks ersichtlich werden. Auch die Lage der Hütte muß im Plan eingezeichnet werden. Wenn eine Bepflanzung im Plan vorgesehen ist, muß diese auch realisiert werden.

Unproblematisch ist es meist, wenn man sich in einem Siedlungsbereich befindet oder in der Nähe anderer Gebäude bleibt. Im Bereich von Landschafts- oder Naturschutzgebieten sind außerdem noch Sondervorschriften mit einer Genehmigung verknüpft, wie zum Beispiel Ausgleichmaßnahmen in Form von Anpflanzungen (Obstbäume, Hecken oder ähnliches).

Genaueres über die baurechtliche Zulässigkeit von Weidehütten erfährt man beim jeweiligen Kreis- bzw. Landesbauamt. Über regionale Besonderheiten gibt die Landwirtschaftskammer (Amt für Landwirtschaft) Auskunft. In der Musterbauordnung heißt es jedoch generell (§ 62 Abs. 1 Ziff. 16):

„Keiner Baugenehmigung bedürfen:

Eine Weidehütte bietet Schutz vor lästigen Insekten und Unwettern.

landwirtschaftlich, forstwirtschaftlich oder erwerbsgärtnerisch genutzte Gebäude bis vier Meter Firsthöhe, wenn sie nur zum vorübergehenden Schutz von Pflanzen und Tieren bestimmt sind." Hiernach muß prinzipiell davon ausgegangen werden, daß Schutzhütten nur von landwirtschaftlichen Betrieben unter den gegebenen Umständen errichtet werden können.

Weidehütten sollten so aufgestellt werden, daß sie sich den örtlichen Gegebenheiten anpassen. Beobachten Sie Ihre Pferde und stellen Sie fest, wo sich die bevorzugten Schlaf- und Ruheplätze befinden. Meist sind es offene, luftigere Plätzchen. In Niederungen staut sich gerade an heißen Tagen die Hitze, und im Winter verursachen Fallwinde Zug.

Die offene Seite der Weidehütte muß stets von der Hauptwindrichtung (meist Westen) abgewandt sein, weil sonst der Schlagregen in den Unterstand drückt. Außerdem sollten die Abmessungen nicht zu knapp gewählt werden, damit kein Pferd draußen zu stehen braucht. Achten Sie auf eine stabile Bauweise, feste Verbindungen zum Boden sowie eine ausreichende Höhe. Weidezelte mit ihren Verspannungen sind für eine längerfristige Unterbringung der Pferde nur bedingt geeignet, da sie nur selten den Belastungen durch Pferde dauerhaft standhalten und die für die Verspannung nötigen Seile zu gefährlichen Stolperfallen werden können.

Neben der Errichtung von Weidehütten kann die Strukturierung der Weide durch die Anpflanzung von Hecken oder hochstämmigen Baumgruppen bedeutend verbessert werden. Um den Pflanzen jedoch eine reelle „Chance" zu geben, sollten Sie einerseits robuste, bedornte, einheimische Sorten (Vorsicht, einige einheimische Heckenpflanzen sind giftig) wählen und die Hecke außerhalb der Reichweite von gierigen Pferdemäulern setzen. Auch Grenznachbarn (Anwohner, Landwirte usw.) sollten freundlich darauf aufmerksam gemacht werden, daß der Grenzabstand eingehalten wird. Einerseits vermeidet man so den Ärger durch den Pferdeverbiß, schützt aber auch die Pferde (Giftpflanzen!).

Die Windschutzhecke

- **Anpassungsfähige Hecken**
  Gemeine Felsenbirne *(Amelanchier ovalis)*
  Kornelkirsche *(Cornus mas)*
  Haselnuß *(Corylus avellana)*
  Rote Heckenkirsche *(Lonicera xylosteum)*
  Wildapfel *(Malus communis)*
  Schlehe *(Prunus spinosa)*
  Hundsrose *(Rosa canina)*
  Wolliger Schneeball *(Viburnum lantana)*
  Roter Hartriegel *(Cornus sanguinea)*
- **Trockenhecke**
  Gemeine Felsenbirne *(Amelanchier ovalis)*
  Kornelkirsche *(Cornus mas)*

Sanddorn *(Hippophae rhamnoides)*
Schlehe *(Prunus spinosa)*
Wildbirne *(Pyrus achras)*
Weinrose *(Rosa rubiginosa)*
Wolliger Schneeball *(Viburnum lantana)*

- **Feuchthecke**
  Feuchtere und nasse Wuchssorten:
  Roter Hartriegel *(Cornus sanguinea)*
  Ohrweide *(Salix aurita)*
  Salweide *(Salix caprea)*
  Korbweide *(Salix viminalis)*
  Gemeiner Schneeball *(Virburnum opulus)*
- **Vogelschutzhecke**
  Heckenpflanzen, die speziell Vögel anlocken und diesen Nahrung und Schutz bieten:
  Eingriffeliger Weißdorn *(Crataegus monogyna)*
  Sanddorn *(Hippophae rhamnoides)*
  Wildapfel *(Malus communis)*
  Wildbirne *(Pyrus achras)*
  Schlehe *(Prunus spinosa)*
  Gemeiner Kreuzdorn *(Rhamnus catharticus)*
  Hundsrose *(Rosa canina)*
  Weinrose *(Rosa rubiginosa)*
  Bibernellenrose *(Rosa spinosissima)*
  Wilde Brombeere *(Rubus fructicosus)*

Hecken, Gebüsche und einzeln stehende Bäume nehmen einen besonderen Stellenwert in der Natur ein: Sie besitzen ein eigenes Kleinklima, mindern die Windgeschwindigkeit, halten den Regen fest, kämmen den Nebel aus, unterstützen die Tau- und Rauhreifbildung, häufen den Schnee an, schwächen die Wärmestrahlung ab und sorgen innerhalb des Gehölzbestandes für einen ausgeglichenen Temperatur- und Feuchtehaushalt. An ihren Sonnenseiten bilden sich

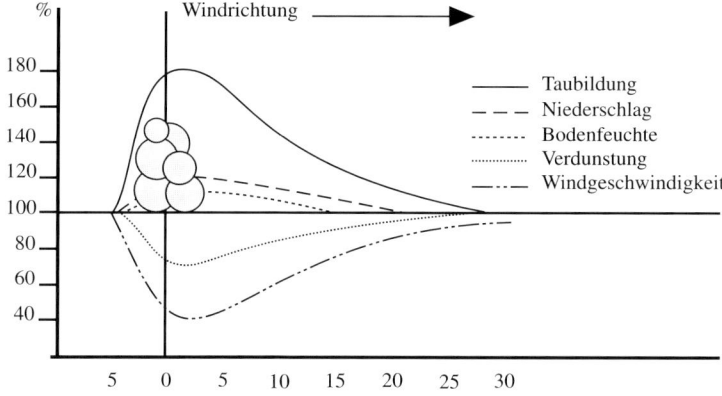

Abstand der Windschutzpflanzung (Hecke) in Meter x Höhe

Standortklimatische Auswirkungen einer Hecke (nach Detsch)
Hecken mindern die Windgeschwindigkeit, halten den Regen fest, kämmen den Nebel aus, unterstützen die Tau- und Reifbildung, häufen den Schnee an, schwächen die Wärmestrahlung ab und bewirken innerhalb des Gehölzbestandes einen ausgeglichenen Temperatur- und Feuchtehaushalt.

wärmebegünstigte Zonen mit früher Schneeschmelze, während die Schattenseiten deutlich kühler und feuchter sind. Dank der guten Durchwurzelung des Bodens verhindern Hecken die Erosion (Abtragung der oberen Erdschichten), weshalb sie dazu geeignet sind, Hänge,

Querschnitt durch eine Feldhecke mit Krautsaum
Hecken besitzen im Querschnitt eine wellenförmige Struktur. Dabei sind hohe Gewächse in der Mitte, niedrigere Büsche an den Seiten und ein Krautstreifen mit sonnen- bzw. schattenliebenden Pflanzen im Saumbereich.

1) Feldahorn oder Bergahorn

2) Weißdorn

3) Schlehe

4) Wilde Brombeere

5) Brennessel

6) Geißfuß

7) Schlüsselblume

Terassenböschungen, Grabenränder und Gewässerufer zu befestigen. Daneben filtern die Gehölze die durchstreifende Luft von Staub und umherfliegenden Blättern.

Allein in Deutschland gibt es etwa 100 Strauch- und 44 Baumarten, die natürlicherweise in Hecken vorkommen würden. Die obenstehende Tabelle ist demnach nur eine sehr kleine Auswahl von Pflanzen, die gut miteinander harmonieren. Wichtig bei der Anpflanzung ist, daß sie sachkundig durchgeführt wird. Die genauen Pflanzanleitungen würden den Rahmen dieses Buches sprengen. Am besten erkundigt man sich beim Landschaftsgärtner (zu empfehlen ist auch die Broschüre des AID: Gehölze in der Landschaft).

Beachten Sie in jedem Fall, daß Hecken mehrreihig auf der Außenseite des Weidezaunes gepflanzt werden. Zwischen Zaun und Hecke sollte außerdem ein Krautsaum bleiben.

Mein Tip

Schlehenwein, Ebereschenwein

Nach den ersten Nachtfrösten erntet man die dunkelblauen Früchte der Schlehe in der Hecke. Auch die strahlend roten Früchte der Eberesche eignen sich zum Vermosten. Da sie jedoch sehr herb sind, mischt man ihren Saft mit dem von frischen Äpfeln (50 : 50). Von sechs Kilogramm Schlehen erhält man drei Liter Saft:

6 kg Schlehen	1 Hefekultur Burgund oder Portwein
6 l Wasser	20 ml Antigeliermittel
5 Hefenährsalz-tabletten	1–2 Schwefel-tabletten

Früchte waschen und zerquetschen, wobei darauf geachtet werden muß, daß die Kerne ganz bleiben. Maische herstellen: Beeren mit einem Preßtuch entsaften. Fruchtsaft gemeinsam mit den zerquetschten Früchten in einen sauberen Behälter geben und 1–2 Wochen gären lassen. Anschließend filtern. Wasser und Zucker mischen, erhitzen und abkühlen lassen. Dann der Maische beifügen und alles in einen Glasballon mit Gäraufsatz geben. Hefenährsalz sowie Reinzuchthefe und Antigeliermittel zufügen und durch Schwingen des Gefäßes auflösen. Als Geschmacksverbesserer kann man eventuell Zimtstangen oder Gewürznelken beifügen. Die Maischegärung dauert bei Zimmertemperatur gut drei Wochen. Anschließend wird die Rohsubstanz abgepreßt und mit Wasser auf zehn Liter aufgefüllt. Die Nachgärung dauert dann weitere zwei Monate. Hört das Blubbern im Glas endgültig auf, kann man den Wein in den Keller stellen, wo er sich von selbst klärt.

Alte Weiden pflegen

Die Grasnarbe wird in ihrer Gesundheit und Leistungsfähigkeit ständig durch äußere Einflüsse, wie zum Beispiel tierische und pflanzliche Schädlinge oder durch Frost, Regen und Sonne bedroht. Der Tritt der Tiere übt noch dazu einen sehr starken Druck auf den Boden aus. Weideböden sind daher im oberen Bereich stets stärker verdichtet als andere landwirtschaftliche Nutzflächen. Dies ist an sich nicht unbedingt schlimm, dauerhaft jedoch verringert sich das Porenvolumen im Boden, oder es bleiben

Tabelle: Beurteilung von Nutztierarten in ihrer Wirkungsweise auf Grünland

Tierart	Tritt	Exkremente Nährstoffeintrag	Verbiß	Futterselektion	Futterspektrum
Pferd	–	–	– bis +–	+	eng
Rind	+–	–	++	–	relativ eng
Schaf	+	+	–	+	breit
Ziege	+	+	– bis +–	+	sehr breit

Bewertungsschlüssel:
Tritt: – pflanzenschädigend; + pflanzenschonend
Exkremente: – niedrig; + höher
Verbiß: – sehr tief; + hoch
Futterselektion: – gering ausgeprägt; + stark ausgeprägt

nach einem ausgiebigen Galopp über die Weide Trittlöcher zurück. Die Pflanzen werden über die den Boden verschiebende Scherkraft des Trittes stark geschädigt. Auch die rein mechanische Zerstörung der Pflanze ist teilweise erheblich. Dabei sind grobkörnige sandige Böden in aller Regel weniger trittempfindlich als ton- und humusreiche. Entscheidend ist aber in jedem Fall der Feuchtegrad. Ein nasser Sommer, verbunden mit hohem Tierbesatz, hat schon so manche Weide in eine Schlammwüste verwandelt.

Mein Tip

Trittschäden vermeiden

- Warten Sie im Frühjahr mit dem ersten Weideauftrieb, bis sich die Grasnarbe geschlossen hat.
- Niemals zu viele Tiere auf eine kleine Fläche lassen.
- Von Natur aus feuchte und weiche Böden sollten nur mit leichten und nicht zu lebhaften Rassen beweidet werden.
- Entstandene Schäden sollten sofort

durch eine manuelle Übersaat wieder geschlossen werden.

Letzten Endes kann man sich noch so sehr bemühen – zu einer Verletzung oder Schwächung der Grasnarbe durch die Pferde wird es immer kommen. Werden diese Stellen nicht umgehend durch eine Nachsaat wieder geschlossen, siedeln sich Weideunkräuter an und verdrängen die konkurrenzschwächeren Futterpflanzen.

Je nachdem, wie stark die Grasnarbe geschädigt ist, gibt es zwei Möglichkeiten, die Leistungsfähigkeit wieder herzustellen: Umbruch und Neuansaat sind teuer und nur bei hoffnungslosen Fällen anzuwenden. Die Reparatursaat dagegen hilft, entstandene Lücken mit Nutzpflanzen zu schließen, bevor sich Unkräuter ansiedeln können. Im Handel sind spezielle Reparatursaatmischungen erhältlich, die in erster Linie aus Deutschem Weidelgras bestehen, oder man verwendet Reste der Ansaatmischung. Bei stärker geschädigten Grasnarben, wie es manchmal nach strengen Win-

Das ist die richtige Zeit, die Pferde auf die Weide zu lassen. Doch Vorsicht! Besonders leichtfuttrige Rassen, wie diese schottischen Highland Ponys, müssen langsam an das junge Gras gewöhnt werden, damit sie keine Hufrehe bekommen.

tern oder nassen Sommern der Fall ist, bittet man am besten einen Lohnunternehmer oder einen befreundeten Landwirt darum, die Reparatursaat mechanisch durch eine dazu geeignete Drillmaschine mit Grasschlitzschuh vorzunehmen. Nach dieser sogenannten „Durchsaat" sollte die Grasnarbe durch Pferde oder Schnitt kurz gehalten und Geilstellen frühzeitig nachgemäht werden. Übersaaten (das Saatgut wird überirdisch aufgebracht) können vorbeugend im Frühjahr mit der Mineraldüngergabe verbunden werden, indem man Dünger und Saatgut mischt oder auch per Hand, während des ganzen Jahres (am besten in feuchten Boden) erfolgen. Wenn möglich sollte aber auch in diesem Fall der Mutterboden etwas angerauht sein, was man durch ein schärferes Einstellen des Wiesenstriegels (Reifen, Metallringe, Wiesenhexe, umgedrehte Egge oder Spezialgerät) erreichen kann.

Um bei Schnittflächen möglichst wenig Verschmutzung im späteren Heu oder der Silage zu haben, müssen diese unbedingt im Frühjahr abgeschleppt werden, um Maulwurfshügel einzuebnen. Aber auch das Anwalzen in Feuchtwiesen gehört zu den wichtigen mechanischen Pflegemaßnahmen. Sehr steinige Wiesen sollten ebenfalls bei einer Wuchshöhe von ca. zehn Zentimetern gewalzt werden, um überirdisch liegende Steine in den Mutterboden zurückzudrängen, denn diese könnten erhebliche Schäden am Mähwerk anrichten.

Mechanische Pflegemaßnahmen

Jedoch – auch wenn die Bewirtschaftung stimmt – kommt man nicht um zusätzliche, mechanische Pflegemaßnahmen herum, soll die Weide leistungsfähig erhalten werden. In Abhängigkeit von Boden und Nutzung kann es nötig werden, Pferdeweiden zu walzen. Dies ist insbesondere bei selbstauflockernden Böden (Moor, Anmoor oder humose Standorte) eine wichtige Maßnahme, weil sie sich durch eine geringere Wärmeleitfähigkeit und Wärmekapazität auszeichnen. Die daraus resultierenden beträchtlichen Temperaturschwankungen an der Bodenoberfläche erhöhen die Gefahr von Auswinterungsschäden durch sogenannte Strahlungsfröste. Abhilfe kann Walzen jedoch nur bieten, wenn im Frühjahr

- der richtige Zeitpunkt hinsichtlich der Bodenfeuchtigkeit gewählt wird (nicht zu naß und nicht zu trocken) und
- mit einer Wiesenwalze von 1,2–2,0 Tonnen je Meter Arbeitsbreite und einer Fahrgeschwindigkeit des Traktors von etwa vier Kilometern pro Stunde gearbeitet wird.

Darüberhinaus kann es nötig werden, Trittschäden oder Fahrspuren mit der Wiesenwalze zu reparieren, die insbesondere bei weichen Böden und hoher Bodenfeuchtigkeit entstehen. Dies sollte bei nächster Gelegenheit (abhängig von der Bodenfeuchtigkeit und der Befahrbarkeit des Terrains) geschehen.

Wichtig

Wann sollte man die Wiesen nicht walzen?

- Bei Bodenfrost oder Bodenfrostgefahr (Wettervorhersage!) auf zur Verdichtung neigenden Standorten und
- nach Beginn des Brutgeschäftes von Wiesenvögeln.

Ein unreflektiertes Walzen von Wiesen, wie es manchmal beobachtet werden kann, ist außerdem sowohl aus ökologischen (Wiesenvögelschutz), als auch aus ökonomischen Gründen abzulehnen.

Um auf Schnittwiesen im Frühjahr Steine zurück in den Erdboden zu drücken, verwendet man ein etwas leichteres Gerät und fährt mit einer höheren Geschwindigkeit.

Die Wiesenschleppe findet insbesondere im Frühjahr ihren Einsatz, sobald der Boden ausreichend abgetrocknet ist, denn durch diese Maßnahme wird die Bestockung der Gräser gefördert. Das Abschleppen von Pferdeweiden sollte genau wie das Walzen nur gezielt eingesetzt werden. Es dient

- der Beseitigung von geringfügigen Bodenunebenheiten (z. B. Maulwurfshaufen, kleinere Trittschäden usw.),
- der Beseitigung von Narbenabdeckungen, wie abgestorbenem Grasbestand, Resten von Wirtschaftsdünger (Mist oder Gülle),
- der Durchlüftung oder Aufrauhung des Bodens bei Verwendung von Spezialgeräten (Wiesenstriegel oder ähnliches).

Es dient nicht

- der Verteilung von Pferdemist, weil

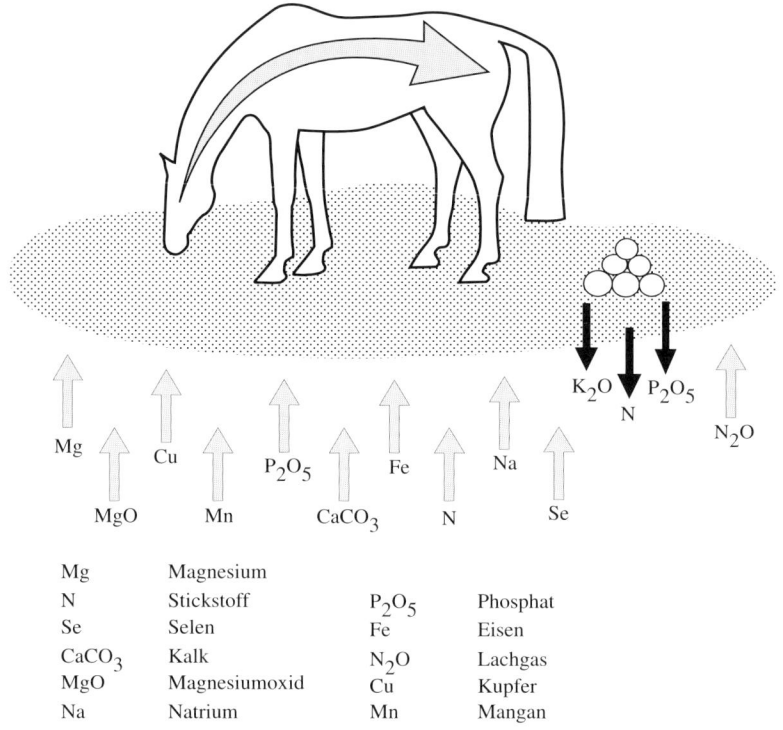

Mg	Magnesium		
N	Stickstoff	P_2O_5	Phosphat
Se	Selen	Fe	Eisen
$CaCO_3$	Kalk	N_2O	Lachgas
MgO	Magnesiumoxid	Cu	Kupfer
Na	Natrium	Mn	Mangan

sich dadurch in aller Regel das Problem der Geilstellen noch weiter vergrößert.

Muß man Weiden düngen?

Beim Wachstum verbrauchen die Pflanzen Nährstoffe, die sie über die Wurzel aus dem Boden aufnehmen. Zumeist handelt es sich um gelöste Mineralstoffe, um Nitrate, Phosphate und andere chemische Verbindungen. Stirbt die Pflanze ab, so gelangen diese Stoffe wieder in den Boden zurück. Durch den Fraß der Pferde oder den Schnitt werden die Inhaltsstoffe mit den Pflanzen weggetragen und gehen dem Boden verloren.

Nährstoffentzug durch Beweidung

Die im Boden gelösten Nährstoffe werden von den Pflanzen über die Wurzeln aufgenommen und in ihren Organismus eingebaut. Durch Fraß oder Schnitt gehen diese Inhaltsstoffe dem Boden verloren bzw. werden nur zum Teil durch die Ausscheidungen der Tiere wieder zurückgeführt. Ohne entsprechende Düngung würde der Boden langfristig ermüden und der Bewuchs kümmerlicher werden.

Leider ist der Mutterboden keine unerschöpfliche Quelle, die die Nährstoffe und Spurenelemente beliebig nachliefern kann. Wird also immerfort nur geerntet, so ermüdet der Boden, weil im Wurzelbereich keine Nährstoffe mehr zur Verfügung stehen. Sinn und Zweck einer Düngung muß es sein, diese verlorenen Substanzen in einer für die Pflanze verfügbaren Form nachzuliefern. Teilweise wird dazu abgelagerter Stallmist auf Felder und Wiesen ausgebracht. Die Verwendung von frischem Mist jedoch wäre nicht sinnvoll. Während der „Zwischenlagerung" wird unter Luftausschluß der giftige Stickstoffträger Harnstoff in eine düngewirksame Form umgewandelt. In der Folge sieht abgelagerter Mist schwarz und speckig glänzend aus. Während dieses Rotteprozesses entsteht viel

Korrekte Verrottung gewährleisten

Damit Pferdemist vom Landwirt auch tatsächlich abgenommen wird, sollte auf gutes Verrotten geachtet werden! Deshalb:

- Verwendung von Stroheinstreu,
- Misthaufen eher hoch als flach anlegen (weniger Platz, bessere Druckverhältnisse und Ausschluß von Luft),

Tabelle: Nährstoffentzüge in Kilogramm pro Hektar nach Nutzungsformen (nach Fischer)

	intensive Umtriebsweide (2 Pferde pro Hektar)	Mähweide mit drei Schnitten und Beweidung	Mähwiese mit fünf Schnitten
Stickstoff (N)	67	269	364
Phosphat (P_2O_5)	26	88	117
Kali (K_2O)	22	257	364
Magnesium (MgO)	2	32	46

Wärme, weshalb ein gut angelegter Misthaufen selbst im Winter nicht einfriert. Allerdings verläuft er nur unter Luftausschluß. Wer deshalb viel Stroh im Mist hat, muß darauf achten, diesen gut zu verdichten. Will man auf die Vorteile der Stroheinstreu nicht verzichten, kann es auch gehäckselt verwendet werden. Das erleichtert die Rotte, ist saugfähiger als ungehäckselt und spart zudem Material. Unter Luftzufuhr kann der Mist verbrennen und die Hitzeentwicklung bis zur Selbstentzündung ansteigen. Außerdem wird ein gewisses Maß an Feuchtigkeit benötigt, weshalb man bei anhaltender Trockenheit im Sommer unter Umständen den Misthaufen wässern muß.

- im Sommer bei großer Hitze Misthaufen befeuchten,
- Rotte von mindestens vier bis sechs Monaten,
- Misthaufen im Frühjahr umsetzen (Randschichten ins Zentrum).

Nach Abschluß der Rotte verschwindet der unangenehme Geruch, und der Mist bekommt eine tiefschwarze Farbe und erdige Struktur. Übler Geruch (nach faulen Eiern) bedeutet, daß Fäulnis anstelle von Rotte stattgefunden hat; eine hellgraue Farbe dagegen weist auf einen Verbrennungsprozeß hin. Beides ist unerwünscht.

Die Anlage der Miste wurde in früheren

Zeiten sehr kunstvoll betrieben, ja ein sorgfältig aufgeschichteter Misthaufen galt geradezu als „Aushängeschild" für einen gut geführten Betrieb. Mit dem Spaltenboden zogen auf landwirtschaftlichen Betrieben die Güllebecken ein. Die tierischen Fäkalien werden heutzutage in Form von Flüssigmist, der Gülle, gesammelt und auf die landwirtschaftlichen Nutzflächen ausgebracht. In der Pferdehaltung sollten wir aus Umwelt- sowie aus Tierschutzgründen (nicht artgerechte Massentierhaltung) darauf verzichten, Gülle von diesen Landwirten abzunehmen. Gülle von Mastschweinen ist zudem wegen der hohen Konzentrationen von Kupfer und Zink für Pferde ungeeignet.

Mein Tip

Mist auf Pferdeweiden?

Die Ausbringung von Pferdemist auf Pferdeweiden ist durchweg kritisch zu betrachten. Falls Mist auf Pferdewiesen ausgebracht werden soll, so empfiehlt es sich, Rindermist zu verwenden. Neben der hygienischen Bedenklichkeit von Pferdemist (Würmer!), haben Pferde generell eine starke Abneigung, auf der Weide Gras zu fressen, das mit ihren eigenen Fäkalien verunreinigt ist.

Wenn überhaupt, sollte Pferdemist deshalb möglichst nur nach völliger Kompostierung auf die Weiden ausgebracht werden. Die beste Zeit, um den reifen Kompost zu streuen, ist das zeitige Frühjahr, vor allem der März, weil sich bis zum Weideauftrieb im Mai eventuell vorhandene Geruchsstoffe verflüchtigen können.

Mistentsorgung im Winter

Insbesondere in den Wintermonaten nimmt die Höhe und Breite des Misthaufens enorm zu, und wer nicht großzügig genug geplant hat, kann in arge Bedrängnis geraten. Ein Ausbringen von Mist oder Gülle ist nämlich per Gülleverordnung außerhalb der Vegetationsperiode verboten.

Die Kompostierung von Pferdemist ist die beste Recyclingmethode, erfordert jedoch eine gewisse Sachkenntnis, ist relativ aufwendig und außerdem nur selten behördlich gestattet. In jedem Fall muß vor der Errichtung einer Kompostierungsanlage eine Genehmigung beim zuständigen Ordnungsamt (Untere Naturschutzbehörde) eingeholt werden. Grundsätzlich ist es nämlich verboten, Mist in der freien Landschaft zu lagern (auch für Kompostierungszwecke). Wer jedoch auf Kompost als Dünger nicht verzichten will, der wendet sich an die Kompostierungswerke der Gemeinden. Dies hat den Vorteil, daß man eine Aufschlüsselung der Inhaltsstoffe des Düngematerials mitgeliefert bekommt und diesen Grunddünger anschließend gezielt mit Mineraldünger ergänzen kann.

Mein Tip

Bundesgütegemeinschaft Kompost

Ein Teil der privaten und öffentlichen Kompostierungsanlagen unterwerfen sich einer freiwilligen Qualitätskontrolle durch die Bundesgütegemeinschaft Kompost. Kompost aus solchen Anlagen ist seuchenhygienisch unbedenklich, frei von keimfähigen Samen und austriebsfähigen Pflanzenteilen, pflanzenverträglich und gezielt nach Nährstoffgehalten analysiert. Darüberhinaus werden genaue Anwendungsempfehlungen gegeben.

Vieles, was Mist oder Kompost im landwirtschaftlichen Bereich (und dazu gehört auch der Pferdehalter mit nur wenigen Tieren) angeht, ist aus Umweltschutzgründen mit amtlichen Auflagen versehen. Die Bundesländer haben diesbezüglich unterschiedliche Verordnungen, so daß ein vorsorglicher Gang zum nächsten Landwirtschaftsamt unverzichtbar ist, um sich umfassend zu informieren. Wer gegen diese Vorschriften verstößt, muß mit empfindlichen Geldbußen rechnen und für die Behebung eventueller Umweltschäden aufkommen. Es sollte beachtet werden, daß Mist nur auf einer befestigten Mistplatte gelagert werden darf (auch bei der Kompostierung!). Darüberhinaus muß man dafür Sorge tragen, daß die abfließende Flüssigkeit (Jauche, Gülle) nicht in den Boden oder in das Oberflächenwasser gelangt. Man sammelt sie deshalb normalerweise in einem Güllebecken, das durch einen Kanal oder ein Rohr mit der Mistplatte verbunden ist. Es ist im Außenbereich (betroffen sind hier die Offenställe in der freien Landschaft) absolut unzulässig, einen ungesicherten Misthaufen anzulegen. Besonders scharfen Auflagen unterliegen Wasserschutz- oder Wasser-

einzuggebiete, Überschwemmungsareale und Naturschutzgebiete.

Heutzutage hat der Mineraldünger (Kunstdünger) größtenteils die Aufgabe des verrotteten Mistes übernommen, da seine Handhabung einfacher ist, man ihn sehr viel genauer dosieren kann und man (bei kleineren Flächen) noch nicht einmal mechanische Hilfsmittel benötigt. Was auf den ersten Blick jedoch so bequem erscheint, hat in der Praxis seine Tücken. Gerade die Einfachheit der Handhabung verleitet leicht zur Überdüngung, wenn die Ausbringung nicht auf die Witterungsverhältnisse abgestimmt wird. Starke Belastung des Grundwassers ist die Folge, wenn das von den Pflanzen nicht benötigte Nitrat des Düngers aus dem Boden ausgeschwemmt wird. Dies brachte den Mineraldünger vom Standpunkt des Umweltschutzes aus in Verruf. Doch ist es nicht der Dünger an sich, der den Schaden anrichtet, sondern seine falsche Handhabung. Eine Düngung – egal ob mineralisch oder organisch – muß mit Sinn und Verstand betrieben werden, damit die Umwelt nicht unnötig belastet wird. Der erste Schritt in diese Richtung ist die Bodenanalyse.

Auf einen Blick

Bodenproben ziehen
Sie benötigen dazu:
- einen sauberen, scharfen Spaten oder einen Probebohrer,
- einen sauberen Eimer,
- einen Metall- oder Holzstab zum Durchmengen der Probe und
- neue Gefriertüten (1–2 Liter) und Klipse zum Verschließen.

Links:
Sobald die Bodenverhältnisse es zulassen, sollten im Frühjahr Bodenproben genommen werden.

Rechts:
Untersuchungsbefund und Düngeempfehlung für Pferdeweiden
Das Bodenuntersuchungsergebnis zeigt den Düngebedarf für verschiedene Bewirtschaftungsformen und gibt eine Empfehlung, welche Düngemittel in welcher Menge ausgebracht werden sollten.

Seiten 66/67:
Düngeempfehlung für Pferdeweiden
In einer getrennten Düngeempfehlung wird der Versorgungsstatus anhand von Buchstaben aufgeschlüsselt.

Tabelle: Nährstoffgehalte in verschiedenen Düngern nach der Düngeverordnung 1996

	Trockensubstanz in Prozent	Nährstoffgehalt in Kilogramm pro Tonne Stickstoff	davon Phosphat (P_2O_5)	Kali (K_2O)
Festmist in Tonnen (verrottet)				
Pferdemist	25	6.5	3	6
Rindermist	25	5	3	7
Schweinemist	23	6	4	4
Schafsmist	25	8	3	7
N-Einzeldünger				
Kalkammonsalpeter	270	–		–
Ammonsulfatsalpeter mit Schwefel 26 (+14)	260	–		–
Alzon 25	250	–		–
Basammon 25 (+16)	250	–		–
Kalkstickstoff gemahlen	205	–		–
K-Einzeldünger				
Magnesia Kainit	–	–	110	
PK-Dünger				
Thomaskali 10 + 20 (+3)	–	100	200	
Ca-Dünger				
Konverterkalk mit (P_2O_5)	–	40		

N = Stickstoff; Ca = Calcium

LANDWIRTSCHAFTLICHE UNTERSUCHUNGS- UND FORSCHUNGSANSTALT
der Landwirtschaftskammer Westfalen-Lippe

Nevinghoff 40, 48147 Münster, Telefon 0251 / 2376 - 753, Telefax 0251 / 2376 - 597

Untersuchungsbefund und Düngeempfehlung für Pferdeweiden

Proben-Nr.: **416** Bezeichnung: **Pferdeweide** **Wald** Bodenart: **Sand**

Bodenuntersuchungsergebnis

Parameter	Untersuchungsbefund		Versorgungsstufe
Phosphor	9	mg/100g P_2O_5	B
Kalium	6	mg/100g K_2O	B
Magnesium	14	mg/100g MgO	D
pH-Wert	6,2	pH	--
Stickstoff	-		--

Düngebedarf und Düngeempfehlung:

Düngebedarf nach Nutzungsart u.Versorgungsstufe (s.Tab.1+2)	Gewählter Dünger (s. Tab. 3)	%-Gehalt Reinnährstoff des Düngemittels	Notwendige Düngermenge dt/ha Umrechnung lt. Formel	Düngermenge auf Ihre Weidegröße umrechnen: Menge mal ...... ha
— Extensive Stand-/Umtriebsweide ohne Schnitt —				
15 kg/ha P_2O_5	Thomasphosphat	15% P_2O_5	1 dt/ha	dt
6 kg/ha K_2O	Magnesia-Kainit fein	11%K_2O+5%MgO+24%Na	1 dt/ha	dt
0 kg/ha MgO				dt
0 dt/ha CaO				dt
25* kg/ha N	Kalkammonsalpeter	27% N	1 dt/ha	dt
— Intensive Stand-/Umtriebsweide ohne Schnitt —				
40 kg/ha P_2O_5	Thomasphosphat	15% P_2O_5	3 dt/ha	dt
30 kg/ha K_2O	Magnesia-Kainit fein	11%K_2O+5%MgO+24%Na	3 dt/ha	dt
10 kg/ha MgO				dt
0 dt/ha CaO				dt
50* kg/ha N	Kalkammonsalpeter	27% N	2 dt/ha	dt
— 1 Schnitt mit extensiver Nachweide —				
55 kg/ha P_2O_5	Thomasphosphat	15% P2O5	4 dt/ha	dt
130 kg/ha K_2O	40er Kali m.MgO	40%K_2O+6%MgO	3 dt/ha	dt
10 kg/ha MgO			dt/ha	dt
0 dt/ha CaO				dt
60** kg/ha N	Kalkammonsalpeter	27% N	2 dt/ha	dt
— 1 Schnitt mit intensiver Nachweide —				
70 kg/ha P_2O_5	Thomasphosphat	15% P2O5	5 dt/ha	dt
170 kg/ha K_2O	40er Kali m.MgO	40%K_2O+6%MgO	4 dt/ha	dt
10 kg/ha MgO				dt
0 dt/ha CaO				dt
90** kg/ha N	Kalkammonsalpeter	27% N	3 dt/ha	dt

Die vorgeschlagenen Düngemittel können Sie nach Ihren Wünschen ändern.

Statt Kalkammonsalpeter mit Nachdüngung können auch 2,5 bis 3,5 dt/ha Kalkstickstoff für die gesamte Weideperiode in 1Gabe gegeben werden.

* zum Aufwuchs, Frühjahrsgabe
** zum 1. Schnitt, Frühjahrsgabe
N-Nachdüngung s. Tab Düngeempfehlung

Versorgungsstufen: **A**=sehr niedrig **B**=niedrig **C**=ausreichend **D**=hoch **E**=sehr hoch

LANDWIRTSCHAFTSKAMMER WESTFALEN-LIPPE

Landwirtschaftliche Untersuchungs- und Forschungsanstalt	Gruppe 31 - Landbau -
Postfach 59 80, 48135 Münster, Telefon: 0251/2376 -753, Telefax: 0251/2376-597	Postfach 59 80, 48135 Münster, Telefon: 0251/2376 -734, Telefax: 0251/2376-841

Düngeempfehlung für Pferdeweiden

- Reinnährstoff-Düngebedarf nach Nutzungsarten -

Entnehmen Sie bitte der nachfolgenden Tabelle den Düngebedarf je nach Nutzungsart entsprechend der im Untersuchungsbefund ausgewiesenen Versorgungsstufen.

Tabelle 1:	Weidegang ohne Schnittnutzung										Schnitt- und Weidenutzung 1 Schnitt mit									
	Extensive[1] Stand-/Umtriebsweide					Intensive[2] Stand-/Umtriebsweide					extensiver[1] Nachweide					intensiver[2] Nachweide				
Stickstoff (N) Im Frühjahr zum 1. Aufwuchs düngen!	Zu düngende Menge kg/ha Reinnährstoff																			
	25 kg/ha N Frühjahrsgabe					50 kg/ha N Frühjahrsgabe					60 kg/ha N Gabe z. 1. Schnitt					90 kg/ha N Gabe z. 1. Schnitt				
N-Nachdüngung	20 kg/ha alle 6 - 8 Wochen					40 kg/ha alle 4 - 6 Wochen					30 kg/ha alle 6 - 8 Wochen					55 kg/ha alle 4 - 6 Wochen				
Versorgungsstufe[3]	A	B	C	D	E	A	B	C	D	E	A	B	C	D	E	A	B	C	D	E
Phosphor (P_2O_5)	20	15	10	5	0	50	40	30	20 !	0	70	55	40	20	0	90	70	50	30	0
Versorgungsstufe[3]	A	B	C	D	E	A	B	C	D	E	A	B	C	D	E	A	B	C	D	E
Kalium (K_2O)	20	10	5	0	0	40	30!	20	10	0	160	130	100	50	0	190	170	130	80	0
Versorgungsstufe[3]	A	B	C	D	E	A	B	C	D	E	A	B	C	D	E	A	B	C	D	E
Magnesium (Mg)	20	10	5	0	0	40	30	20 !	10	0	30	20	15	10	0	50	35	20	10	0

[1] Extensive Nutzung bedeutet geringe Besatzstärke durch Weidetiere und angestrebte niedrige Erträge bei Heu und Silage

[2] Intensive Nutzung liegt bei hoher Besatzstärke und angestrebten hohen Erträgen für Heu oder Silage vor

[3]
Versorgungsstufe	Düngung
A = sehr niedrig	stark erhöhte Düngung (Meliorationsdüngung) nötig
B = niedrig	erhöhte Düngung nötig
C = ausreichend	Entzugsdüngung nötig (für eine voll bedarfsgerechte Nährstoffversorgung der Pflanzen wird die Versorgungsstufe C angestrebt)
D = hoch	ca. 1/2 der Entzugsdüngung nötig
E = sehr hoch	keine Düngung oder stark reduzierte Düngung nötig

Erläuterung zum obigen Beispiel:

In der Tabelle 1 sind für 4 verschiedene Nutzungsvarianten die Reinnährstoffbedarfszahlen angegeben. Entscheiden Sie mit welcher Nutzungsintensität Sie auf Ihrer Weide wirtschaften und entnehmen Sie unter der Rubrik die Bedarfszahlen entsprechend der im Untersuchungsbefund ausgewiesenen Versorgungsstufe. In der Tabelle 1 ist ein Beispiel grau unterlegt und mit ! gekennzeichnet.

Beispiel oben:
Es handelt sich um eine intensive Stand-/Umtriebsweide ohne Schnittnutzung. Für die Stickstoff-Frühjahrsdüngung zum 1. Aufwuchs werden 50 kg/ha N empfohlen. Eine weitere Nachdüngung mit 40 kg/ha N sollte dann alle 4 - 6 Wochen erfolgen.
Im Beispiel wurden die Untersuchungsbefunde für Phosphor mit der Versorgungsstufe D, für Kalium mit B und für Magnesium mit C ausgewiesen. In der Tabelle 1 kann unter der jeweiligen Versorgungsstufe direkt der Reinnährstoff-Bedarf abgelesen werden, hier , 20 kg/ha P_2O_5, 30 kg/ha K_2O und 20 kg/ha MgO.
Mit Hilfe der Formel (Reinnährstoffbedarf kg/ha: %-Gehalt des gewählten Düngemittels) kann die notwendige Düngermenge berechnet werden. Zum Beispiel es sind 30 kg/ha K_2O zu düngen, das gewünschte Düngemittel ist Kalimagnesia, welches 30 % K_2O und 10 % MgO enthält. Laut Formel folgt dann 30 kg/ha K_2O Bedarf : 30 % K_2O des Kalimagnesia = 1 dt/ha Kalimagnesia. Es wird 1 dt/ha Kalimagnesia benötigt, um den Bedarf von einem Hektar zu decken. Beachten Sie, daß beim Kalimagnesia gleichzeitig mit dem Kalium auch Magnesium ausgebracht wird. In diesem Beispiel werden mit 1 dt/ha Kalimagnesia 10 kg/ha Magnesium gedüngt, denn Kalimagnesia enthält 10 % MgO.
Anschließend muß die ermittelte Düngermenge/ha auf die tatsächliche Flächengröße Ihrer Weide umgerechnet werden, indem Sie die Düngermenge/ha mit der ha-Größe multiplizieren. Ihre Weide ist z. B. 1,8 ha groß. Sie benötigen dann vom Kalimagnesia 1 dt/ha x 1,8 ha = 1,8 dt/ha Kalimagnesia für die gesamte Weide. Die Umrechnung auf die Flächengröße ist für alle in der Düngeempfehlung angegebenen Reinnährstoffe (P_2O_5, K_2O, MgO, CaO) entsprechend notwendig.

Meßeinheiten: 1 ha = 4 Morgen = 10.000 m²   1 dt = 2 Zentner = 100 kg

Die Kalkempfehlung entnehmen Sie bitte der Tabelle 2.

Kalkbedarf nach Bodenart in dt/ha CaO

Den notwendigen Kalkbedarf nach Bodenart und vorgefundenem pH-Wert entnehmen Sie bitte dieser Tabelle.

Tabelle 2:

Sand, lehmiger Sand (S, lS)		sandiger Lehm, Lehm, schluffiger Lehm (sL, L, uL)		toniger Lehm, Ton (tL, T)	
pH-Wert	Kalkbedarf dt/ha CaO	pH-Wert	Kalkbedarf dt/ha CaO	pH-Wert	Kalkbedarf dt/ha CaO
> 5,2	0	> 5,8	0	> 6,0	0
5,2 - 5,0	5	5,8 - 5,6	8	6,0 - 5,8	10
4,9 - 4,8	7	5,5 - 5,4	10	5,8 - 5,7	12
4,7 - 4,4	10	5,3 - 5,2	12	5,6 - 5,5	15
4,3 - 4,0	15	5,1 - 4,8	15	5,4 - 5,0	25
3,9 - 3,6	20	4,7 - 4,4	20	4,9 - 4,6	30
< 3,6	25	4,3 - 4,0	25	4,5 - 4,0	35
		< 4,0	30	< 4,0	40
Höchste Kalkmenge pro Gabe 10 dt/ha CaO. Erhaltungskalkung für 3 Jahre 6 dt/ha CaO.		Höchste Kalkmenge pro Gabe 15 dt/ha CaO. Erhaltungskalkung für 3 Jahre 9 dt/ha CaO.		Höchste Kalkmenge pro Gabe 20 dt/ha CaO. Erhaltungskalkung für 3 Jahre 12 dt/ha CaO.	

Der **Kalkbedarf** wird hier in **dt/ha CaO** mitgeteilt und ist ggf. auf mehrere Gaben zu verteilen, **wenn** der notwendige Kalkbedarf bei Sand (S, lS) 10 dt/ha, bei sandigem Lehm (sL, L, uL) 15 dt/ha und bei Ton (tL, L) 20 dt/ha überschreitet.
Besteht laut Tabelle kein Kalkbedarf, kann mit einer **alle 3 Jahre durchgeführten Erhaltungskalkung** der pH-Wert aufrechterhalten werden. Die Erhaltungskalkung sollte bei Sand (S, lS) mit 6 dt/ha, bei Lehm (sL, L, uL) mit 9 dt/ha und bei Ton (tL, L) mit 12 dt/ha CaO erfolgen.

Kalkumrechner von dt CaO auf handelsübliche Kalkdünger

5	10	15	20	25	30	40	50	sind in folgenden Kalkdüngern enthalten:
				dt CaO				
10	21	31	42	52	63	84	105	kohlens. Kalk, Hüttenkalk und Konverterkalk mit 45 - 50 % CaO
8	15	23	30	38	45	60	75	Düngerkalk mit ca. 40 - 70 % CaO
6	13	19	25	31	38	50	63	Branntkalk mit 80 % CaO
8	16	24	32	40	48	64	80	Mischkalk mit 60/65 % CaO und Magnesia

Auf Sandböden sollte kohlensaurer Kalk mit MgO, Mischkalk mit MgO oder Hüttenkalk, bzw. Konverterkalk zur Anwendung kommen. Es hat sich bewährt auf Weiden die Magnesiumversorgung für Pflanze und Tier durch Verwendung von magnesiumhaltigen Kalken zu unterstützen.

Beispiele zu einigen Düngemitteltypen:

Tabelle 3:

Düngemitteltypen	Reinnährstoffgehalt in %	Wirkung
1. Stickstoff (N)		
Kalkammonsalpeter (KAS)	27 % N	schnell und anhaltend
schwefelsaures Ammoniak	21 % N + 24 % Schwefel	mäßig schnell; wirkt pH-Wert senkend und gegen übermäßigen Kleebesatz (s. Infoblatt)
Kalkstickstoff	20 % N + 50 % Kalk(CaO)	langsam und lang anhaltend; pH-Wert-hebend durch Kalkanteil; Unkrautwirkung; Parasitenbekämpfung (s. Infoblatt)
Diammonphosphat (s. 2.)		enthält Stickstoff und Phosphor,
Stickstoffmagnesia (s. 4.)		enthält Stickstoff und Magnesium
2. Phosphor (P$_2$O$_5$)		
Thomasphosphat	15 % P$_2$O$_5$	langsam; enthält auch Spurenelemente
Superphosphat	18 % P$_2$O$_5$	schnell
Diammonphosphat (DAP)	46 % P$_2$O$_5$ + 18 % N	schnelle Phosphat- u. anhaltende Stickstoffwirkung; wirkt pH-Wert senkend
3. Kalium (K$_2$O)		
40er Kali mit MgO (Kornkali)	40 % K$_2$O + 6 % MgO	enthält Kalium und Magnesium
Kainit grob mit MgO (Magnesia-Kainit)	12 % K$_2$O + 6 % MgO + 24 % Natrium	rasch; mooshemmend; fördert Mineralstoffhaushalt der Weidetiere (Mg, Na)
Kalimagnesia (Patentkali)	30 % K$_2$O + 10 % MgO	enthält Kalium und Magnesium
4. Magnesium (MgO)		
Kieserit	27 % MgO	mittel löslich
Bittersalz	16 % MgO	schnell löslich; wäscht leicht aus
Stickstoffmagnesia	7 % MgO + 22 % N	schnell und anhaltend; enthält auch Stickstoff
5. Kalk (CaO)		
kohlensaurer Kalk mit MgO	50 % CaO + MgO	langsam und nachhaltig; für Sand- u. Lehmböden geeignet
Branntkalk	90 % CaO + MgO	sehr schnell; nur für Tonböden

Einige Tips:

• Besteht ein Phosphat-Düngebedarf, so kann dieser durch eine diesem Phosphatbedarf entsprechende Diammonphosphat-Gabe ausgeglichen werden. Der dabei gleichzeitg ausgebrachte Stickstoffdünger ist dann vom Stickstoff-Gesamtbedarf abzuziehen.

• Der Magnesiumbedarf kann sehr häufig durch Kalkung mit magnesiumhaltigen Kalken, durch Kainit oder durch Stickstoffmagnesia ausgeglichen werden, so daß eine zusätzliche Magnesiumdüngung nicht mehr erforderlich ist

Wichtig:

• Außer bei Kainit sollten die Pferde nach der Düngung von der Weide genommen werden (s. Infoblatt)

Darauf müssen Sie achten:

- Proben während des Wochenanfanges nehmen, damit sie nicht versehentlich bei der Post übers Wochenende liegen bleiben,
- Fläche über die Diagonale abgehen,
- eine Probe je 500 Quadratmeter aus den oberen Erdschichten (bis zu 10 Zentimeter tief),
- Probe nicht mit den Händen anfassen,
- Probe gründlich mischen und Mischprobe je Grünlandeinheit von ca. 500 Gramm entnehmen,
- Mischprobe in die Plastiktüte füllen, verschließen und verschicken.

Im zeitigen Frühjahr, sobald die Witterungsverhältnisse es zulassen, nimmt man sich einen sauberen, scharfen Spaten, einen ebenfalls sauberen Eimer und neue Gefriertüten und beginnt Bodenproben zu ziehen. Dabei geht man die Weide am besten über die Diagonale ab und entnimmt mit einer kleinen Gartenschaufel alle 5–10 Meter eine ca. zehn Zentimeter tiefe Erdprobe, schüttet sie in einen Eimer, mischt am Ende das Ganze mit einem Metall- oder Holzstab gut durch und füllt zuletzt ca. 500 Gramm der Mischprobe in die Gefriertüte. Anschließend füllt man das Formular „Probeentnahme zur Bodenuntersuchung" aus und schickt alles umgehend verschlossen an ein Labor (Adressen erfährt man im Amt für Agrarordnung, Landwirtschaftskammer oder ähnlichen Behörden). Die meisten Labore erstellen gleichzeitig mit der Analyse auch eine Düngeempfehlung. Geben Sie in jedem Fall an, daß die Fläche als Weide oder Heuwiese für Pferde genutzt wird, damit die Empfehlung entsprechend erstellt werden kann.

Mein Tip

Wie die Pferdeweide düngen?

Lassen Sie zuerst eine Bodenanalyse und Düngeempfehlung erstellen. Stickstoff sollte gerade im Frühjahr nur sehr wenig ausgebracht werden. Wichtig ist es dagegen, die Grundversorgung mit Phosphat (P_2O_5), Kali (K_2O) und Magnesium (MgO) sowie einen annähernd neutralen pH-Wert zu gewährleisten. Weitere Mineralstoffe und Spurenelemente (Natrium, Kupfer, Mangan, Eisen) ergänzt man nach Bedarf.

Nach einer Düngung müssen die Pferde unbedingt – je nach Witterung und eingesetztem Dünger – ca. zwei Wochen von der Weide genommen werden.

Bei der Düngung von Weiden bewegt sich der Pferdehalter auf einem schmalen Grat zwischen Leistungsoptimierung der Grasnarbe und Pferdegesundheit. Zwar wird die Kraft und Schnelligkeit des Gräserwachstums in erster Linie über die Verfügbarkeit des Stickstoffes gelenkt, doch hohe Stickstoffgaben treiben die Pflanzen lediglich im Wachstum. Was wie ein erheblicher Mehrertrag aussieht, schrumpft nach der Trocknung in sich zusammen, weil es nur ein Blendwerk aus Wasser war (siehe auch Kapitel Weideaustrieb). Auf der anderen Seite ist der Verdauungsapparat der Pferde eher auf eiweißärmeres Futter eingestellt. Bei Beweidung der Fläche darf deshalb im Frühjahr nur sehr verhalten mit Stickstoff gedüngt werden.

Je nach Besatzdichte sollten nicht mehr als bis zu 45 Kilogramm Stickstoff pro Hektar ausgebracht werden. Für Heu

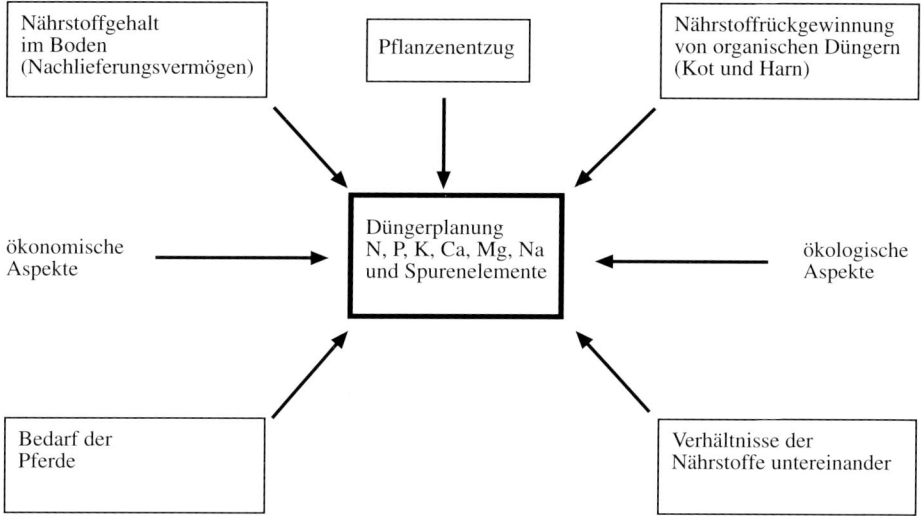

Die Düngerplanung
Tatsächlich müssen viele Aspekte, wie zum Beispiel der tatsächliche Futterbedarf der Pferde oder der Naturschutz, in die Düngungsentscheidung einbezogen werden.

oder Silage vorgesehene Flächen dagegen erhalten 50 bis 70 Kilogramm Stickstoff pro Hektar, wobei unbedingt ein späterer Schnittzeitpunkt (kurz vor oder nach der Blüte der Hauptbestandsgräser) angestrebt werden sollte. Als Stickstoffdünger hat sich Kalkammonsalpeter oder Ammonsulfatsalpeter in den letzten Jahren durchgesetzt. Man kann aber auch stabilisierte Stickstoffdünger wie Alzon oder Basammon verwenden, die den im Dünger vorhandenen Stickstoff langsamer freigeben.
Beim Einsatz von Kalkstickstoff tritt neben der reinen Düngewirkung durch 20 Prozent Stickstoff und 60 Prozent Kalk (CaO) eine unkrautunterdrückende und auf die Weideparasiten (insbesondere Magen- und Darmwürmer)

reduzierende Wirkung ein. Dafür ist jedoch im Frühjahr eine Mindestdüngemenge von 3,5 bis vier Dezitonnen pro Hektar nötig. Beachten Sie, daß (da zur Parasiten- und Unkrautbekämpfung sehr hohe Gaben notwendig sind) es unter günstigen Witterungsverhältnissen leicht zu einem rapiden Stickstoffschub und einem dadurch bedingten Massenaufwuchs kommen kann. Kalkstickstoff darf außerdem nur bei feuchtem Boden sowie abgetrockneter Grasnarbe ausgebracht werden und muß gut verteilt werden. Vermeiden Sie unbedingt, das Substrat mit bloßen Händen anzufassen oder den feinen Staub einzuatmen. Kalkstickstoff darf ebenfalls weder in Mund noch in die Augen geraten. Beachten Sie weiterhin die vom Hersteller bzw. der Berufsgenossenschaft empfohlenen Richtlinien zum Umgang mit Kalkstickstoff.
Von entscheidender Bedeutung für ein gesundes Pflanzenwachstum ist eine geregelte Grundversorgung mit Phosphat

(P_2O_5), Kali (K_2O) und Magnesium (MgO) bei einem annähernd neutralen pH-Wert des Bodens.

Mineraldünger für Pferdeweiden

Ein beliebter Dünger in der Pferdehaltung ist das Kainit, wobei es sich um ein Kali-Rohsalz mit 11 Prozent K_2O und fünf Prozent MgO handelt. Darüber hinaus führt der zusätzliche Natriumanteil von 20 Prozent bei regelmäßiger Anwendung zu einer deutlichen Verbesserung der Schmackhaftigkeit der Gräser. Wegen der Ätzgefahr sollte Kainit jedoch nicht im zeitigen Frühjahr auf vereistem Boden aufgebracht werden.

Gezielte Düngergaben sind nicht zu vermeiden, wenn man die Grasnarbe frisch und leistungsstark halten will. Es ist jedoch immer darauf zu achten, daß bedarfsgerecht gedüngt wird und daß man die Zufuhr sowohl an die geologischen

Tabelle: Standorte mit niedrigen Spurennährstoffen

Element	Typische Mangelstandorte
Eisen	kalkhaltige Böden, Hochmoor
Mangan	kalk- und humusreiche Standorte (Niedermoore), anmoorige Sandböden
Zink	Böden mit hohem pH-Wert und sehr hoher Phosphatversorgung
Kupfer	rohhumusreiche podsolige Heidesandböden, ausgetrocknete Alkali-Kalkböden
Molybdän	saure Standorte (Hochmoor), anmoorige Sandböden, degenerierte Löß- und Muschelkalkverwitterungsböden

Tabelle: Stickstoffdüngung und Verteilung bezogen auf Pflanzenarten zur ersten Nutzung für Futtergewinnung

Gemisch aus:	N-Düngung und Verteilung in Kilogramm pro Hektar
Welsches Weidelgras Deutsches Weidelgras Bastardweidelgras	80 + 80 + 60 + 60 = 220–280 pro Jahr
Wiesenschwingel Deutsches Weidelgras Bastardweidelgras Lieschgras	80 + 60 + 60 + 60 + 60 = 200–320 pro Jahr
Wiesenschwingel Knäuelgras Lieschgras	80 + 60 + 60 + 60 + 60 = 200–320 pro Jahr
Deutsches Weidelgras Lieschgras Wiesenrispe Knäuelgras	80 + 60 + 60 + 60 + 60 = 200–320 pro Jahr
Klee/Grasmischungen	je nach Kleeanteil pro Nutzung 0–60 = 0–180 pro Jahr

Vorbedingungen, als auch an die Pflanzengesellschaft anpaßt. Gerade ökologisch wertvolle Mittelgebirgsstandorte wie Trockenrasen und Magerwiesen werden in der Vielfalt ihrer Flora durch intensive Düngergaben für immer zerstört.

Zuletzt sollte man noch bedenken, daß Boden ist „ausgemergelt"). Dieser mobilisierte die teilweise recht geringen Nährstoffvorräte im Boden, was nach einigen „fetten Jahren" zu Hungerernten führte. Damals war der Spruch „Kalk macht reiche Väter und arme Söhne" deshalb durchaus berechtigt. Doch wer ihn auch heute noch im

Tabelle: Kalkbedarf von Grünland (nach Gerold)

	Verluste in Kilogramm Kalk pro Jahr und Hektar*
Auswaschung	350–500
Neutralisationsbedarf	
durch Bodensäuren	25–50
durch Immissionssäuren	30–50
durch kalkverzehrenden Dünger	50–60
Pflanzenentzüge (Ernte)	30–170
Kalkbedarf pro Jahr**	**485–830**

*   Berechnet als Calciumchlorid, Umrechnung in Calciumcarbonat ($CaCO_3$) mit Faktor 1,785 multipliziert
** Dies entspricht einer Menge von ca. 500–850 kg/ha Branntkalk, bzw. 700–1200 Kilogramm pro Hektar Mischkalk

die Aufnahme von Spurenelementen durch die Pflanzenwurzel nicht unbedingt von dem absoluten, tatsächlich im Boden vorhandenen Vorrat abhängig ist, sondern von deren Verfügbarkeit. Neben den Witterungs- und Bodenverhältnissen beeinflussen aber auch die Pflanzen selbst (Gras, Klee, Kräuter) die Aufnahme.

Kalk: Reiche Väter und arme Söhne?

Die Anwendung von Kalk zur Pflege von Pferdeweiden ist umstritten. Diese Skepsis entstand durch den sorglosen Umgang mit einer speziellen Form des Kalks, dem Mergel, durch unsere Vorväter (daher kommt der Ausdruck ein Munde führt, vergißt, daß die heutigen Verhältnisse mit den damaligen nicht mehr verglichen werden können: Die gezielte Verwendung von Mineraldünger veränderte die Situation, denn der Boden ermüdet bei durchdachter Pflege kaum mehr. Andererseits werden dem Boden durch Schnitt und Beweidung große Mengen Kalk entzogen (siehe dazu Tabelle Kalkbedarf von Grünland).

Wenn man sich in die Diskussion Power- oder Ökowiese einmischen will, sollte man außerdem bedenken, daß sich auf der modernen Weide erheblich mehr Pferde auf einer viel kleineren Fläche als früher aufhalten. Gleichzeitig jedoch sind deren Ansprüche durch eine Zuchtauslese in Richtung Sport-pferd gestiegen, so daß qualitative Ab-striche im Grundfutter beim Weidegras kaum mehr kompensiert werden, son-dern meist umgehend zu Leistungsein-bußen oder gesundheitlichen Störungen führen. Nur eine ausgeglichene Kalkbi-lanz im Grünland gewährleistet auf Dauer den reibungslosen Ablauf der wichtigsten Bodenfunktionen (biologi-sche Aktivität im Boden, Humusbil-dung, Nährstoffverfügbarkeit und vie-les andere mehr).

Der Kalkbedarf von Grünland wird vom Laien leicht unterschätzt. Nimmt man die Verluste durch Auswaschung, Neutralisationsbedarf (durch Boden-säuren, Säureeintrag durch Umweltfak-toren wie saurer Regen sowie durch kalkzehrenden Dünger) und Pflanzen-entzüge (Beweidung, Ernte) zusammen, so kommt man auf einen jährlichen Kalkbedarf von 485 bis 830 Kilogramm Calziumoxid (CaO) pro Hektar.

Tabelle: Bodentyp und pH-Wert

Bodentyp	anzustrebender pH-Wert
leicht (Sand)	um 5,0
mittel (Sand mit Lehm)	um 5,5
schwer (Lehm)	um 6,0

als zu erwarten wäre. Über kurz oder lang neigt eine solche Wiese dazu zu verunkrauten. Düngegaben mit Mist oder Mineraldünger werden nur sehr zögerlich umgesetzt, und gerade im Be-reich der Kleinstlebewesen des Bodens erkennt man eine deutliche Artenarmut, je saurer der Boden wird. Außerdem scheinen die Pferde Gras von Weiden, die sich im idealen pH-Bereich befin-den, lieber zu fressen.

Auf schlecht gepufferten, leichten Bö-den empfiehlt sich kohlensaurer oder kieselsaurer Kalk in Form von Carbo-nat oder Silikat (z. B. Thomaskalk oder

---

Was versteht man unter dem pH-Wert

Er ist das Maß der chemischen Bodenreaktion, die von den freien Wasserstoff-teilchen (H-Ionen) in der Bodenlösung bestimmt wird. Je niedriger dieser Wert ist, desto saurer der Boden. Ein Boden mit dem pH-Wert 4 ist dabei zehnmal saurer als einer mit dem pH-Wert 5, 100mal saurer als einer mit pH 6 und tausendmal saurer als einer mit pH 7.

Es stellt sich immer wieder heraus, daß in Regionen, die von Natur aus kalkarm sind, die Weiden auch noch lang nach Niederschlägen weder befahrbar sind noch von schwereren oder lebhafteren Pferderassen beweidet werden können, ohne Schaden zu nehmen. Außerdem zeigt sich bei einer Vegetationsbestim-mung, daß das Wachstum der Gräser (und auch der Kleebestand) selbst bei normaler Düngung weit niedriger ist,

Tabelle: Empfohlene Werte zur Gesundkal-kung des Bodens (nach Gerold)

Kilogramm pro Hektar Kalk (CaO)	entspricht Kilogramm pro Hektar kohlensau-rer Kalk (CaCO3)
Sandboden	3700	6600
lehmiger Sand	4500	8000
sandiger Lehm	5000	8900
Lehm > 15% Ton	6000	10700
Lehm < 15% Ton	7000	12500

Konverterkalk). Wird gleichzeitig ein Magnesiummangel festgestellt, so kann man den dolomitischen Kalk empfehlen, der dieses Element reichlich enthält. Alle kohlensauren Kalke wirken langsam, aber dafür über einen längeren Zeitraum hinweg. Auf schweren Böden, bei denen man rasch etwas tun möchte, ist der Einsatz von Branntkalk vorteilhaft, der, wie schon der Name verrät, mit großer Sorgfalt gehandhabt werden muß. Auf dem Markt ist seit einiger Zeit auch der relativ teure Algenkalk, ein sehr poröses und reaktionsfähiges Material, das aus Algen gewonnen wird und eine ähnlich schnelle Reaktion wie der Branntkalk aufweist.

durchaus als „alternativen Mineraldünger" ansehen. Es hat ziemlich lange gedauert, bis man in der modernen Zeit erkannte, daß dieser „natürliche Dünger" sehr gut geeignet ist, um fehlende Mineralstoffe im Boden zu ersetzen. Tatsächlich ist es erstaunlich, was Urgesteinsmehl im Boden alles vermag: Es enthält nicht nur Nährstoffe, sondern lockert auch den Boden, ja es ist – fein vermahlen – sogar als Pflanzenschutzmittel (und dies im wahrsten Sinne des Wortes) einsetzbar.

Die darin enthaltenen Tonmehle wirken als sogenannte Ionentauscher, das heißt es werden die frei im Boden vorhandenen Ionen (elektrisch geladene Teilchen)

Warum sollte man alle zwei Jahre eine Bodenprobe ins Labor schicken?

Aus der Bodenanalyse erfährt man:
- den Bodentyp (Sand, Lehm, Ton),
- Standortbesonderheiten,
- den pH-Wert,
- den Versorgungsgrad an Phosphat, Kali, Magnesium, Kupfer und
- den Versorgungsgrad mit weiteren Spurenelementen.

Aus der Düngeempfehlung erfährt man:
- Wie man die Kalkbilanz ausgleichen kann (in Doppelzentner pro Hektar),
- wie man die Grundversorgung an den wichtigsten Nährstoffen der Pflanzen verbessern kann.

Alternative Düngung mit Urgesteinsmehl

Lange vor unserer Zeit haben die Römer intensive Landwirtschaft betrieben. In Ermangelung von industriell hergestellten Düngemittel fanden sie eine andere Möglichkeit, ihre Anpflanzungen ertragreich zu erhalten. Sie benutzten Urgesteinsmehl. Was lange Zeit vergessen war, wird heute im Zeitalter des biologischen Anbaus wieder neu entdeckt. So kann man das Urgesteinsmehl

durch elektrische Kräfte an das Gesteinsmehl gebunden. Dadurch bleiben sie in den oberen Erdschichten und damit in der Nähe der Pflanzenwurzeln. Auf der anderen Seite liefert das Urgesteinsmehl auch selbst viele Spurenelemente für die Pflanze, und es kann durch seine Zusammensetzung saure oder alkalische Böden neutralisieren. Sie puffern den pH-Wert und verringern (oder ersetzen sogar) die Häufigkeit einer Kalkung.

Die Einsatzmöglichkeiten von Urgesteinsmehl in der Bewirtschaftung von Grünland sind vielfältig und unter fast allen Bodenverhältnissen möglich. Da es durch seine Tonanteile Wasser festhält, erleichtern sie in leichten, sandigen Böden die Bildung der Humusschicht, lockert schwere Böden und trägt zur Bodenerwärmung bei. In seiner Düngerwirkung festigt es durch seinen Silikatanteil (Silikate sind Salze der Ortho-Kieselsäuren, die in der Natur vorkommende Form von Silizium) das pflanzliche Gewebe und enthält Elemente, die wichtig sind für die Ernährung von Bodenlebewesen (Regenwürmer), welche wiederum zur Bildung der Humusschicht beitragen. Auf Grund der hohen Sauerstoffbindungsfähigkeit wirkt Urgesteinsmehl der Fäulnis entgegen und fördert Rottevorgänge (eine Eigenschaft, die man für die Neutralisation von Gülle ausnutzt). Ein weiterer Vorteil ist, daß eine Überdüngung weniger gravierende Folgen hat und die Pflanzen nicht einmal bei hohen Gaben gewaltsam getrieben werden (wie bei zu viel Stickstoffdünger). Somit wachsen diese gesünder, mit reichlich Gerüststoffen, aber weniger Wasser.

Im Handel sind mehrere Sorten von Urgesteinsmehl erhältlich: Granit- oder Basaltmehle weisen einen etwas höheren Silikatgehalt auf und sind besser für saure Böden geeignet. Basalte mit geringerem Silikat-, aber dafür höherem Aluminiumoxidgehalt werden bei allen normalen bis alkalischen Böden empfohlen (besonders bei leichten Sandböden oder Böden mit zu geringem Tongehalt). Eine Untergruppe der Basaltmehle sind die Lavamehle. Zu den besonders feinen Gesteinsmehlen gehören die Tonmehle (Bentonit oder Montmorillonit). Sie enthalten sehr fein vermahlene Tone aus Lößgestein, die bei Feuchtigkeit aufquellen und so das Wasser festhalten. Die Gesteinsmehle sind den Tonmehlen jedoch meistens in ihrem Gehalt an Spurenelementen überlegen.

Mein Tip

Für durchschnittliche Böden empfehlenswertes Gesteinsmehl

40 Prozent	Silikat
10–15 Prozent	Ton
5 Prozent	Kalium
2–5 Prozent	Magnesium
10 Prozent	Eisenoxid
niedrig	Phosphor
bis 15 Prozent	Calcium (bei sauren Böden)

Gesteinsmehle sollte man entweder im Herbst nach dem Weideabtrieb oder im Frühjahr vor der Weidesaison einsetzen. Bei kleineren Flächen kann man sie per Hand ausbringen. Möchte man jedoch größere Flächen bearbeiten, so sollte man auf den Düngestreuer zurückgreifen. Grobe Produkte sind übrigens billiger und können durchaus auf Wiesen und Weiden eingesetzt werden. Allerdings wirken sie erst nach ein bis drei Jahren, da sie zunächst von den Bodenorganismen umgesetzt werden müssen. Grundsätzlich sind Gesteinsmehle keine „schnellen Nothelfer" – auf die Dauer jedoch gesehen sind sie effektiv und billig.

Was tun während der Weidesaison?

Ein Manager braucht man nicht zu sein, aber ein wenig Geschick und Planungsvermögen helfen schon dabei, Pferde und Weiden gut über den Sommer zu bringen. Ohne gezieltes Programm wird es nämlich nach dem Grasberg im Frühjahr oft schnell auf den Wiesen knapp, besonders dann, wenn sich viele Pferde spärliches Grün teilen müssen.

Da man in Mitteleuropa über so gut wie keine ausgedehnten, natürlichen Graslandschaften wie zum Beispiel die nordamerikanische Steppe verfügt, hält man hierzulande die Pferde auf begrenzten und eingezäunten Weiden. Bleiben die Tiere dort das ganze Jahr, so bezeichnet man dies als Standweide. Diese Beweidungsform kommt zwar dem natürlichen Verhalten der Pferde sehr entgegen, hat jedoch auch einige entscheidende Nachteile: Auf weitläufigen Flächen müssen die Tiere, insbesondere im Winter, einen hohen Energieaufwand betreiben, um ihren Nahrungsbedarf zu decken. Darüberhinaus reichen Weidehütten als ganzjähriger Schutz vor Wind und Wetter kaum mehr aus. Daneben bringt diese extreme Robusthaltung Einschränkungen in der Natur mit sich (niemals naßgeschwitzte

Hat man viel Weidefläche zur Verfügung, bietet sich eine extensive Standweide an.

Tabelle: Nutzung von Grünlandflächen und ihre Leitarten

Grünlandform	Düngung	Nutzung	Leitarten
Magerwiesen	nicht lohnend	1 x pro Jahr	Rotstraußgras auf kalkarmen Böden; Aufrechte Trespe auf kalkreichen Böden
Fettwiesen	kräftig, bis 150 kg Stickstoff pro Hektar	2–4 x Schnitt oder Weide	Glatthafer, Goldhafer
Sumpfwiesen	sparsam, bis 120 kg Stickstoff pro Hektar	Weide für leichte Ponyrassen oder Streugewinnung	Seggen
Halbtrockenrasen	vorsichtig, botanisch sehr wertvoll	extensive Weide, 1 Schnitt	Schwingel, Aufrechte Trespe, Fiederzwenke
Almen	kaum, botanisch sehr wertvoll	extensive Weide	Borstgras
Heide	kaum, botanisch sehr wertvoll	extensive Weide	Heidekraut

Tiere auf die Weide schicken, dichtes Winterfell schränkt die Belastungsfähigkeit der Pferde ein, und der Fellwechsel kostet sehr viel Kraft). Auf kleineren Flächen reicht während der Vegatationsruhe im Winter oder in schlechten Wachstumsphasen im Sommer das Futter nicht, und es muß zugefüttert werden.

Zudem werden durch den Tritt und die ständige Überweidung die Futterpflanzen dauerhaft geschädigt, und schließlich gibt es für die Pferde kein Entrinnen aus dem Wurmkreislauf.

So ging man in Gegenden, in denen Grünland knapp war und eine Winterfütterung unumgänglich wurde, seit dem Mittelalter dazu über, die wenigen vorhandenen Flächen ausschließlich zur Mahd zu nutzen und es in Form von Heu zuhause im Stall zu verfüttern. Man entwickelte das andere Extrem: die ganzjährige Stallhaltung kombiniert mit Streu- und Futterwiesen. Doch auch dies ist keineswegs die Ideallösung: Zwar entdeckte man, daß gutes Wiesenheu in seiner chemischen und pflanzlichen Zusammensetzung vielseitiger ist, als solches aus fetten Intensivweiden oder Wechselgrünland. Doch der relativ hohe Arbeitsaufwand, das Risiko bei der Futtergewinnung und der große Arbeits- und Kostenfaktor sowie die nicht artgerechte Stallhaltung der Pferde und ihre daraus resultierende gesundheitliche Belastung, stehen der reinen Schnittnutzung von Grünland entgegen.

Für viele Tierhalter bietet sich deshalb eine Mischform aus Mähwiese und

Dauerweide an: Die Mähweide. Dabei sind zwei verschiedene Möglichkeiten denkbar: entweder wird vor der ersten Beweidung gemäht oder nach der letzten. Die günstigere Lösung ist jedoch die erste, weil man die Frühjahrsdüngung auf die Schnittnutzung einstellen kann, im Frühjahr eine bessere Ernte hat und eine saubere Fläche mähen kann (kein Pferdemist auf der Wiese!). Bei ausreichender Weidefläche kann man eine noch differenziertere Form, die sogenannte Umtriebsmähweide ins Auge fassen. Hierbei werden stets nur kleinere Parzellen für einen relativ kurzen Zeitraum genutzt, während sich der Rest der Fläche erholen kann.

Bei der Portionsweide bekommen diese jungen Hengste täglich einen neuen Streifen mit frischem Gras zugeteilt.

Mein Tip

Wieviel Weide braucht ein Pferd?
Pro Pferd sollte man – je nach Rasse, Futteransprüchen und Bewegungsfreudigkeit – etwa zwei bis vier Hektar Weidefläche kalkulieren. Die Flächen sollten in Parzellen von mindestens einem halben Hektar unterteilen. Kleinere Teilstücke sind nicht mehr wirtschaftlich zu bearbeiten und lassen dem Pferd nicht genug Bewegungsfreiheit. Wenn starke Schwankungen in der Bodenfeuchte bestehen, ist es günstig, im Frühjahr und Herbst die hochgelegenen, trockeneren Stücke zu nutzen, während im Hochsommer die niedrigeren, feuchteren beweidet werden. So beugt man größeren Trittschäden vor.

Mahd oder Beweidung?

Bereits im Frühjahr, vor dem Weideaustrieb, sollte man sich Gedanken darüber machen, welche Flächen eventuell zur Winterfuttergewinnung in Frage kommen. Es empfiehlt sich, wenn möglich, im jährlichen Wechsel alle Teilstücke einer Pferdeweide einmal im Schnitt zu nutzen. Die völlige Weidepause im Frühsommer dient zur Erholung der Grasnarbe und regeneriert den Bestand. Auch wer mit zu starker Klee- beziehungsweise Löwenzahnvermehrung oder massenhaftem Auftreten von Weidepflanzen, die durch eine kurze Grasnarbe begünstigt werden (z. B. Weißklee), zu kämpfen hat, sollte diese Fläche ein oder zwei Jahre lang mähen. Generell lohnt sich das Heuen erst ab einer Fläche von mindestens einem halben Hektar (etwa zwei Morgen), wobei dieselbe Fläche noch einmal für die Beweidung vorhanden sein sollte (generell rechnet man einen Hektar für die gesamte Ernährung eines Großpferdes übers Jahr). Jedoch kann dieser Richtwert auf Grund von Bodenverhältnissen und Nachwuchsvermögen der Grasnarbe sehr stark schwanken.

Mein Tip

Grünland für den Schnitt vorbereiten
Grünland, das für den Schnitt vorgesehen ist, kann man im Frühjahr stärker düngen (vergleiche auch Kapitel: Alte Weiden pflegen). Anschließend sollten sie gut abgeschleppt oder gewalzt werden. Spätestens danach ist dieser Teilbereich für die Pferde tabu (Wer möchte schon Pferdeköttel im Heu finden?). Sehr steinige Wiesen walzt man bei einer Aufwuchshöhe von etwa 10–14 Zentimetern, um die Steine in den Mutterboden zurückzudrücken, damit das Mähwerk keinen Schaden erleidet.

Prinzipiell eignen sich für die Futterwerbung am besten flache, gerade, längliche Flächen, die eine Zufahrt besitzen. Diese ist unbedingt nötig, weil die Heuwerbung per Hand oder per Pferd doch sehr zeitraubend, anstrengend und außerdem die dazugehörige Technik heutzutage nahezu ausgestorben ist. Gerade und langgezogene Strecken mit wenigen Kurven lassen sich mit dem Traktor schnell und effektiv bearbeiten. Wer selbst zur Maschine greift, wird das rasch einsehen und wer auf einen Lohnunternehmer angewiesen ist und diesen stundenweise bezahlen muß, der schont auch ganz gerne den eigenen Geldbeutel (und die Weidezäune, die man in Kurven so gerne „mitnimmt"). Wiesen mit einer gewissen Hangneigung sind durchaus zu bearbeiten, doch wird es dem Traktorfahrer schnell mulmig. Dabei ist der eigentliche Schnitt noch ein Leichtes gegenüber dem Gefühl, mit einem hoch beladenen Anhänger schräg am Berg zu stehen. Ab einem gewissen Gefälle (bitte lesen Sie dazu die Gebrauchsanleitung Ihres Traktors!) ist dann endgültig Schluß, wenn man nicht das Risiko eingehen will, mitsamt dem Gefährt umzukippen.

Der Weideaustrieb

Im März oder April – je nach Länge der Frostperiode – beginnt das Gras auf den Weiden wieder zu wachsen. Erste zarte grüne Keime lassen sich sehen und

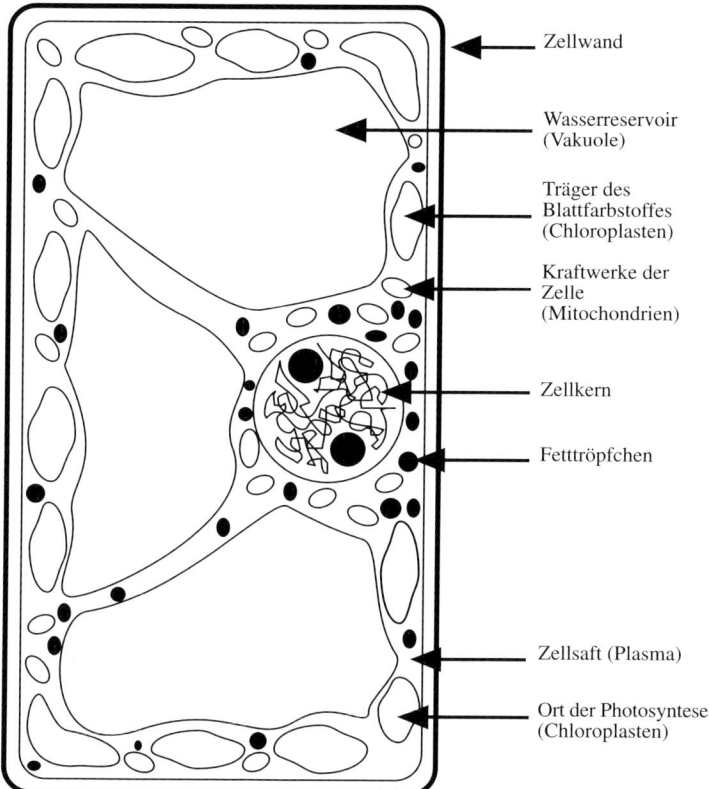

Zellwand

Wasserreservoir
(Vakuole)

Träger des
Blattfarbstoffes
(Chloroplasten)

Kraftwerke der
Zelle
(Mitochondrien)

Zellkern

Fetttröpfchen

Zellsaft (Plasma)

Ort der Photosyntese
(Chloroplasten)

Schema einer Pflanzenzelle (nach Strasburger)
In den sogenannten Vakuolen wird Wasser ge-
speichert. Beim raschen Wachstum im Frühjahr
können sie ihr Volumen um ein Vielfaches ver-
größern und dadurch die Pflanze strecken,
während die Zellwand durch spezielle Enzyme
aufgelockert wird.

vervielfachen innerhalb kürzester Zeit
ihre Länge. Entscheidend für diesen ersten Grasaufwuchs ist, daß (neben den
nötigen klimatischen Voraussetzungen)
während dieser Phase den Pflanzen sehr
viel Wasser zur Verfügung steht, denn
ihr rasches Wachstum verdanken sie in
erster Linie der Eigenschaft ihrer Zel-

len, sich durch Einlagerung von Wasser
zu strecken.
Beim pflanzlichen Wachstum unterscheidet man zwei Arten, nämlich Plasmawachstum und Streckungswachstum.
Bei letzteren vergrößert sich lediglich
das Volumen der Pflanze durch Wasseraufnahme (das ist der Effekt, den man
in erster Linie bei starker Stickstoffdüngung erzielt). Beim Plasmawachstum jedoch vermehren sich die Strukturbe-
standteile der Zelle. Es ist daher sehr oft
an eine Zellteilung, also eine Vermehrung der Zellen, gebunden. Wachsen die
Pflanzen sehr schnell, so strecken sich
lediglich ihre Zellen, indem sie vermehrt

Wasser einlagern. Die Gesamtprotein-
menge der Zelle verändert sich dabei
nicht. Auch das Wandmaterial nimmt
während dieses Vorgangs nur wenig zu,
im Gegenteil, während des Streckungs-
wachstums sorgen spezielle Enzyme
dafür, die Zellwand „aufzulockern".
Die Zellulose, die für eine stabile Struktur sorgt, wird erst nachträglich in die
Zellwand eingelagert (Die Folgen für
die Ernährung der Pferde siehe auch
Kapitel „Vollwertkost Gras?").

Der richtige Zeitpunkt

Der erste Fehler beim Weide-Management wird oft schon gemacht, wenn
man die Pferde im Frühjahr ins Grüne
entläßt. Der richtige Zeitpunkt für den
Weideaustrieb wird manchmal nur er-
ahnt oder man richtet sich einfach nach
dem Nachbarn. Kommen die Pferde
schon beim ersten zarten Grün auf die
Weide, so werden die zarten jungen
Gräser, die ihre Kraft aus den in den
Wurzeln gespeicherten Vorräten nehmen, zu sehr geschwächt, und der
Pflanze fehlt die Kraft zu einem gesunden Neuaustrieb. Erfolgt der Austrieb
andererseits zu spät, so wächst rasch ein
Grasberg heran, gegen den die Pferde
nicht mehr ankommen. Sie beweiden
die Koppel nur noch selektiv. Der Rest
wird zusammengetreten und verunreinigt.
Wie aber erkennt man den richtigen
Zeitpunkt? Da die Artenzusammensetzung in den Wiesen sehr unterschiedlich
ist, läßt sich eine generelle Richtlinie
nur schwer geben. Der unterschiedliche
Reifezeitpunkt der Arten sowie die
großen klimatischen Schwankungen
machen es unmöglich, einen festen Termin anzugeben, denn Anfang Mai steht

in milden Lagen das Gras schon knie-
hoch, während es in den Bergen gerade
anfängt zu wachsen. Auch die Aufwuchshöhe allein kann man nicht als
Richtmaß verwenden, weil die Wuchs-
leistung sowohl sorten- als auch stand-
ortabhängig ist. Was also tun?

Mein Tip

Wann dürfen die Pferde auf die Wiese?
- Die Pflanzen sollten zu einem regelmäßigen Wachstum gelangt sein
  (z. B. die Nächte nicht unter 8–10 °C
  kalt werden).
- Die hauptbestandbildenden Gräser
  sollten sich im Stadium des Schossens
  befinden und der Löwenzahn Knos-
  pen schieben.
- Als ein grobes Richtmaß kann man
  die Aufwuchshöhe von ca. einer
  Handbreite ansehen.
- Rotationsweiden können etwas früher
  beweidet werden, wenn dem Teilstück
  danach eine ausgiebige Weidepause
  gegönnt wird.

Eine frühe Nutzung tut der Bestockung
der Gräser übrigens gut und unterstützt
eine dichte Narbenbildung. Außerdem
werden sogar teilweise weniger
schmackhafte „Unkräuter" und „Un-
gräser" noch mitgefressen, weil die
Schmackhaftigkeit bei jungen Pflanzen
generell hoch ist. Über den Zeitpunkt
der ersten Nutzung kann man übrigens
bei Umtriebsweiden den ersten Grasaufwuchs steuern, denn gerade bei dieser Form des Weide-Managements ist es
wichtig, unterschiedliche Nutzungsrei-
fen der einzelnen Teile zu erreichen. Die

sehr frühe Beweidung einzelner Bereiche für kurze Zeit hemmt die Gräser zunächst in der Aufwuchsgeschwindigkeit, so daß dort zu einem späteren Zeitpunkt die optimale Nutzungshöhe erreicht wird.

Die Gefahren des ersten Grüns

Leider ist die erste Zeit des Frühjahrsaustriebes für Pferde auch mit hohen gesundheitlichen Risiken verbunden. Werden sie nicht sinnvoll auf die Umstellung ihrer Lebensbedingungen und der Fütterung eingestellt, so können sich schwere gesundheitliche Schäden einstellen. Vielleicht steht schon „am Tag danach" nur noch ein Häufchen Elend auf der Wiese, das zitternd beide Vorderhufe nach vorne reckt, – ein selbstverschuldeter Fall der typischen Frühjahrskrankheit Hufrehe. Oder man findet es mit schmerzverzerrter Mimik

An Halfter und Führstrick kann ein Pferd im Frühjahr langsam an das frische Futter gewöhnt werden.

auf der Wiese liegen, und nur eine rasche Operation rettet das Pferd vor dem Koliktod.

Achtung!

Hufrehe und Kolik
Zur Hufrehe neigen in erster Linie Vertreter der Robustpferderassen, sowie Stuten ohne Fohlen und Wallache, die nur wenig geritten und plötzlich auf sehr proteinreiche Weiden gelassen werden. Gerade wenn es Besitzer solcher Risikogruppen besonders gut meinen und ihren Tieren unvorbereitet „die große Freiheit" auf einer frischen Wiese gönnen wollen, kommt es durch das

Überangebot an jungem Gras zur Bildung giftiger Stoffe im Verdauungstrakt. Diese geraten ins Blut und bedingen die Bildung von Histamin, was zur Verengung der kleinen Arterien führt. Dies ruft einen Blutstau im Huf hervor. In der Folge kann es soweit kommen, daß sich die Lederhaut von der Hornwand trennt. Der Aufhängeapparat des Hufbeins gibt nach, das sich zu drehen beginnt. Die durch die Giftstoffe hervorgerufene Entzündung im Lederhautbereich führt zu einer Schwellung, die auf die Nerven drückt und dem Pferd schlimme Schmerzen bereitet.

Im Frühjahr ist weiterhin beim „Anweiden" der Pferde mit akutem Durchfall bis hin zu schwerer Kolik zu rechnen. Schuld daran ist einerseits die Futterumstellung von Rauh- und Saftfutter, sowie die Veränderung der Haltungsbedingungen (Stallhaltung zu Weidehaltung), andererseits aber auch die Zusammensetzung des Grases im Frühjahr an sich, das noch sehr strukturarm (wenig Zellulose) ist. Deshalb sollte im Frühjahr den Pferden stets Rauhfutter in Form von Stroh oder Heu zur Verfügung stehen und außerdem die Kraftfutterration an die beginnende Weidesaison angepaßt werden.

Das Pferd zeigt bei einem Reheanfall eine typische Stellung mit weit untergesetzten Hinter- und nach vorne abgestellten Vorderbeinen sowie einen eigenartigen Gang, wobei es nicht mehr über die Zehe abrollt, sondern die Trachten zuerst belastet. Die Bewegung wirkt tapsig und unsicher, besonders Wendungen fallen schwer. In schlimmen Fällen weigern sich die Pferde überhaupt zu gehen oder sogar aufzustehen.

Was ist in diesem Fall zu tun?

- Beachten Sie die „Warnsignale" wie ungewöhnlich heiße Kronränder der Vorderbeine, Abliegen der Pferde zu einem ungewohnten Zeitpunkt oder leichtes „klamm Gehen".
- Verständigen Sie umgehend den Tierarzt, denn wenn diese Erkrankung nicht sofort behandelt wird, sinken die Heilungschancen rapide.
- Nehmen Sie das Pferd von der Weide und verhindern Sie die weitere Aufnahme von proteinhaltigem Futter.
- Kühlen Sie den unteren Beinbereich entweder mit fließend kaltem Wasser (Bach, Wasserschlauch, notfalls Eimer).
- Halten Sie sich exakt an die Diätangaben des Tierarztes.
- Pferde, die einmal einen Reheanfall gehabt haben, sind immer anfällig und sollten sorgfältig beobachtet sowie einem speziellen Weideprogramm unterworfen werden.

Besser ist es, wenn es gar nicht erst soweit kommt! Deshalb sollten die Pferde im Frühjahr auf die Weide vorbereitet werden.

Manche Pferde kann man überhaupt nicht den ganzen Tag auf die Weide lassen. Um diesen Tieren trotzdem eine längere Verweildauer im Grünen zu gönnen, kann man die Weide zum Beispiel mit mobilem Elektrozaun portionieren. Durch tägliches Zustecken einer gezielten Futtermenge zu dem abgefressenen Teilstück, wird nur eine bestimmte Futtermenge zugeteilt. Allerdings ist das nur möglich, wenn man

Ein Pferd, das häufig auf die Weide darf, lernt, sich aufmerksam, aber ohne Furcht, Neuem zu nähern.

keinen „Ausbrecher" dabei hat, der regelmäßig den Zaun unterläuft oder sogar abräumt. Auch Turnierpferde genießen übrigens den Aufenthalt im Grünen. Um zu verhindern, daß sie sich einen Grasbauch anfressen oder verfetten, kann man ebenfalls portionieren oder sie nur stundenweise herauslassen. Beachten Sie jedoch in jedem Fall, daß die Fütterung ausgewogen bleibt. Regelmäßig trainierte Turnierpferde sind nicht in der Lage, ihren Energiebedarf ausschließlich über die Weide zu decken. Unregelmäßig genutzte Freizeitpferde dagegen neigen leicht dazu, auf der Wiese zu verfetten, was ebenfalls zu starken Beeinträchtigungen der Nutzung führt (vermehrtes Schwitzen, Belastung des gesamten Herz-Kreislaufsystems, Trägheit etc).

Mein Tip

Schritt für Schritt auf die Weide
Die Zeitangaben beziehen sich jeweils auf die Freßzeit
Erste Woche: 5 Minuten morgens, 5 Minuten abends bei normaler Fütterung.
Zweite Woche: 15 Minuten morgens, 15 Minuten abends bei normaler Fütterung.
Dritte Woche: 30 Minuten morgens, 30 Minuten abends, bei reduziertem Kraftfutter.
Bis einschließlich der dritten Woche nur am Führstrick weiden lassen.
Vierte Woche: 1–2 Stunden morgens, 1–2 Stunden abends, proteinhaltiges Futter absetzen, bei Reitpferden auf die Abdeckung des Energiebedarfs achten, vermehrte Rauhfuttergabe (Stroh!).
Ab Juni ist ein ganztägiger Aufenthalt auf der Wiese möglich, soweit es sich nicht um Vertreter einer Risikogruppe handelt.

Vollwertkost Gras?

Pferde stellen besondere Anforderungen an die Qualität des Grundfutters. Während der Sommermonate stellt Weidegras für sechs bis sieben Monate das einzige Futter für Pferde dar, denn diese erhalten keinerlei Zufütterung. Doch – wie eine Untersuchung in Westfalen zeigte – genügt dieses den Tieren so gut wie nie zur vollständigen Ernährung.
Ein großes Problem bilden besonders die Proteinüberschüsse, denn überschüssiges Eiweiß, das nicht für den Proteinaufbau benötigt wird, unterliegt im Pferdekörper einer thermischen Nutzung. Das dadurch entstehende Abbauprodukt Harnstoff wiederum belastet in hohem Maß den Organismus.
Entscheidend für eine optimale Verdauung der Inhaltsstoffe ist ein angepaßter Strukturwert, der hauptsächlich durch den Rohfasergehalt und die Futterstruktur bestimmt wird. Der Rohfasergehalt des Grases hängt von seiner Wachstumsphase ab, denn während der Vegetationsperiode (März bis November) wachsen Pflanzen und Gräser nicht nur unterschiedlich schnell, sie lagern auch unterschiedliche Stoffe im Gewebe ab. Futter für Pferde sollte 20 bis 25 Prozent Rohfaser enthalten. Mehr als 25 Prozent wirkt sich negativ auf die Verdaulichkeit der Nährstoffe aus, während Gehalte von weniger als 18 Prozent zu Verdauungsstörungen wie Fehlgärungen und Nährstoffmangel

Aufwuchshöhe

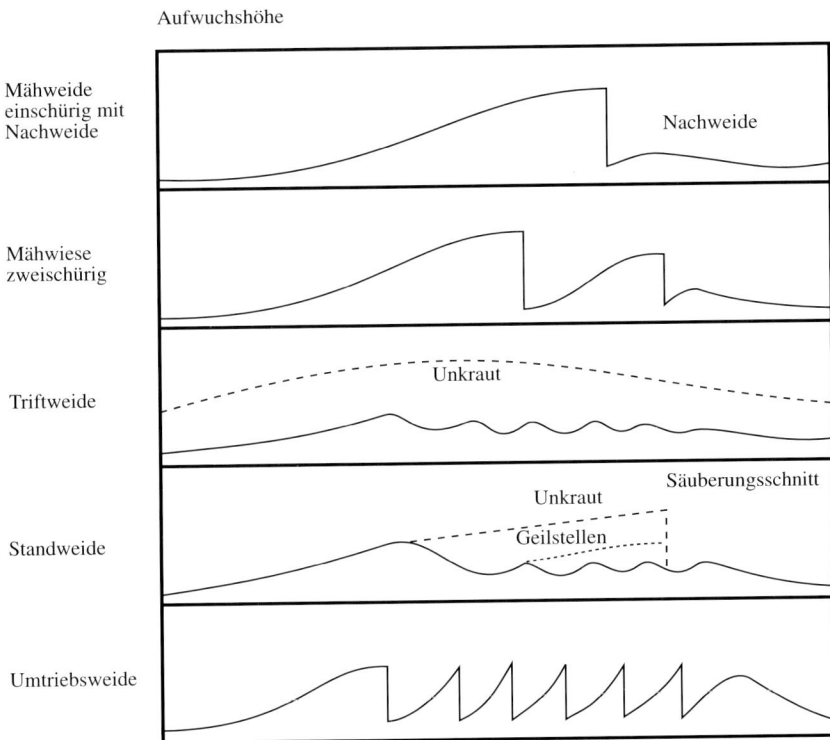

Mähweide einschürig mit Nachweide	Nachweide
Mähwiese zweischürig	
Triftweide	Unkraut
Standweide	Unkraut, Säuberungsschnitt, Geilstellen
Umtriebsweide	

Jan. Feb. März April Mai Juni Juli. Aug. Sept. Okt. Nov. Dez.

führen. Zudem werden dadurch Untugenden wie Schweiffressen oder Benagen der hölzernen Stalleinrichtungen gefördert.

Futterwert und Grasproduktion

Generell ist der Verlauf der Wachstumskurve von Grünland zwar abhängig vom Standort und vom Wetter, im Prinzip jedoch ist er immer gleich: Im Frühjahr kommt es bei den noch niedrigen Temperaturen zu einer zögernden Anlaufphase; wenn es dann im Mai wärmer wird, läuft die Grasproduktion auf Hochtouren. Eine wesentliche Rolle

Entwicklungsrhythmus von Grünland (nach Ellenberg)
Im Frühjahr kommt das Wachstum durch die noch niedrigen Temperaturen erst langsam in Gang. Wenn es im Mai wärmer wird, läuft die Produktion auf Hochtouren (erster Schnitt). Bereits im Juni nimmt die Wachstumsgeschwindigkeit wieder ab. Es kommt zur sogenannten Sommerdepression. Erst im Spätsommer erholen sich die Pflanzen noch einmal. Diese zweite Wachstumsphase wird für den zweiten Schnitt, das Grummet oder Öhmd, genutzt.

spielen die Wärme, die Lichteinstrahlung und die ansteigende Blattmenge von Mitte April bis Ende Mai. Bereits im Juni nimmt die Wachstumsgeschwin-

digkeit wieder ab. Es kommt zur sogenannten Sommerdepression, deren Ursache bis heute noch nicht ganz geklärt
sind. Die wohl einleuchtendste Erklärung führt sie auf die schlechter wer-
dende Wasserversorgung zurück. Im
Spätsommer erholen sich die Pflanzen
noch einmal. Diese zweite Wachstumsphase wird für den zweiten Schnitt, das
Grummet (Öhmd) genutzt.

Mit ihrer beweglichen Oberlippe können Pferde
das Futter gezielt aussuchen.

Mein Tip

Den richtigen Zeitpunkt für den Schnitt?
Für den ersten Schnitt eignet sich die
Zeit nach dem ersten großen Aufwuchs
(Juni/Juli) am besten. Je nach Bedarf
wird vor oder besser nach der Blüte geschnitten, dann enthält das Mähgut
mehr Rohfaser. Ein Schnitt während der
Blüte ist für Pferde wegen des höheren
Staubanteils nicht geeignet. Die zweite
Wachstumsphase wird für den zweiten
Schnitt, das Grummet, genutzt. Der
Schnittzeitpunkt ist für die Qualität des
Heus oder der Silage entscheidend,
denn er bestimmt Rohfaser- und Rohproteingehalt (siehe auch Tabelle Inhaltsstoffe von Grassilagen in Abhängigkeit vom Schnittzeitpunkt). Eine gut
verdauliche Rohfaser ist für eine optimale Futteraufnahme und Verdaulichkeit wichtig. Wird Silage gewonnen,
kann im Spätsommer oder Frühherbst
ein dritter Schnitt geerntet werden.

Für die Entscheidung des Pferdes, eine
Pflanze zu fressen oder nicht, sind drei
Faktoren ausschlaggebend: Schmackhaftigkeit, Futterwert und Verdaulichkeit. Die Schmackhaftigkeit bestimmt

zunächst einmal generell, ob eine
Pflanze gefressen wird oder ob nicht.
Pferde benutzen bei ihrer Suche nach
geeigneten Futterpflanzen ihre bewegli-
che Oberlippe und können so – unterstützt durch die Tasthaare im Maulbe-
reich – sehr gezielt Futter aufnehmen.
Ob die Inhaltsstoffe des aufgenomme-
nen Futters im Verdauungstrakt des
Pferdes aufgeschlossen werden können
oder ob nicht, ist von dessen Verdaulichkeit abhängig. Grundsätzlich gilt: Je
jünger die Pflanze ist, desto leichter
kann sie verdaut werden; je leichter eine
Pflanze verdaut werden kann, desto weniger wird davon gefressen. Im jungen
Zustand gibt es kaum Unterschiede

zwischen den besseren Futterpflanzen. Mit zunehmendem Alter lagert die Pflanze dann Gerüststoffe, hauptsächlich in Form von Cellulose, ein. Die Verdaulichkeit nimmt daraufhin mit dem individuellen Alterungsprozeß ab.

Tabelle: Futterwertzahlen einiger Pflanzen (nach Klapp, Boeker, König und Stählin)

Pflanzenart	Futterwertzahl*
Gräser	
Deutsches Weidelgras *(Lolium perenne)*	8
Lieschgras *(Phleum pratense)*	8
Wiesenrispe *(Poa pratensis)*	8
Wiesenschwingel *(Festuca pratensis)*	8
Glatthafer *(Arrhenatherum elatius)*	7
Knäuelgras *(Dactylis glomerata)*	7
Wiesenfuchsschwanz *(Alopecurus pratensis)*	7
Quecke *(Agropyron repens)*	6
Aufrechte Trespe *(Bromus erectus)*	6
Wolliges Honiggras *(Holcus lanatus)*	4
Rasenschmiele *(Deschampsia cespitosa)*	3
Pfeifengras *(Molinia coerulea)*	2
Schilf *(Phragmites australis)*	2
Lippenblütler	
Weißklee *(Trifolium repens)*	8
Rotklee *(Trifolium pratense)*	7
Wiesenplatterbse *(Lathyrus pratensis)*	7
Wicke *(Vicia cracca)*	6
Kräuter	
Spitzwegerich *(Plantago lanceolata)*	6
Bärenklau *(Heracleum sphondylium)*	5
Löwenzahn *(Taraxacum officinale)*	5
Schafgarbe *(Achillea millefolium)*	5
Wiesenkerbel *(Anthriscus sylvestris)*	4
Breitwegerich *(Plantago major)*	2
Stumpfblättriger Ampfer *(Rumex obtusifolius)*	1
Scharfer Hahnenfuß *(Ranunculus acris)*	1
Herbstzeitlose *(Colchicum autumnale)*	−1
Wiesenschaumkraut *(Cardamine pratensis)*	−1

* Die Futterwertzahlen reichen über 10 Wertklassen von −1 (giftig) über 0 (ohne Futterwert) bis 8 (höchster Futterwert)

Für den Futterwert einer Pflanze sind viele verschiedene Faktoren, wie Stoffgehalt, Gewebestruktur oder Verlauf der Alterung, ausschlaggebend. Die oft in der Literatur oder auf den Packungsbeilagen angegebenen Futterwertzahlen liefern zwar dem Fachmann einen Richtwert, der Laie tut sich aber mit der Interpretation oft schwer, und noch weniger halten sich die Pferde daran. Schmetterlingsblütler wie Klee oder Luzerne gelten beispielsweise wegen ihres hohen Gehaltes an Stickstoff-Verbindungen und Mineralstoffen als hochwertige Futterlieferanten. Doch sie haben nur einen geringen Strukturwert. Gräser, besonders wenn sie überständig werden, lagern dagegen eine Menge Gerüststoffe ein, sind aber – betrachtet man die Inhaltsstoffe – von geringem Wert. Schon „Wiesenpapst" Ernst Knapp bemerkte treffend: „Die Wechselbeziehung zwischen Pflanzen und Tieren machen den Futterwert der meisten Pflanzen sehr variabel . . ." (E. Knapp, Wiesen und Weiden, 1967). Die genaue Auflistung der Inhaltsstoffe eines Fertigfutters (Rohfaser, Rohprotein, Calcium-Phosphor-Verhältnis) ist in der Praxis weit aufschlußreicher. Da der Begriff Futterwert jedoch weit verbreitet ist, soll kurz darauf eingegangen werden. Der Botaniker Larin untersuchte mehr als tausend Grünlandpflanzen auf ihren Futterwert und kam zu überraschenden Ergebnissen. Den Spitzenreiter stellten in seiner Liste die Kreuzblütler, wozu die bekannten Futterpflanzen Raps und Senf gehören. Ihnen folgen die Schmetterlingsblütler. An dritter Stelle liegen die Doldenblütler, wozu all die hübschen weiß blühenden Wiesenpflanzen gehören, die so aromatisch duften (wilde Möhre, wilder Kümmel, Bibernelle usw.). Schließlich kommen die meist gelb blühenden Korbblüter (z. B. Löwenzahn), und das Schlußlicht bilden endlich die Gräser. Was Larin allerdings bei seinen Untersuchungen nicht beachtet hat, war die Schmackhaftigkeit der Pflanzen. Außerdem ließ er die auf das Verdauungssystem der einzelnen Pflanzenfresser abgestimmten Futteransprüche völlig unbeachtet. Dem praktischen Pferdehalter wird rasch klar, daß für ihn der so definierte Begriff „Futterwert" eine eher untergeordnete Rolle spielt. Viel wichtiger ist es, sich an den speziellen Bedürfnissen der Pferde zu orientieren.

Festzuhalten bleibt, daß wegen der unterschiedlichen Vegetationsrhythmen der einzelnen Pflanzenarten und ihren Futterwerten auf jeden Fall ein buntes Gemisch aus verschiedenen Pflanzen besser ist, als eine Monokultur.

Zufüttern auf der Weide

Der Wert eines Pferdes steht und fällt mit der Möglichkeit, es als Sport- oder Freizeitpferd im Bereich des Reitens oder Fahrens uneingeschränkt einsetzen zu können. Belastbare Beine, ein gesundes Skelett sowie eine gut entwickelte Muskulatur sind die Grundvoraussetzung dafür. Daß gerade hierin bei Pferden vieles im Argen liegt, findet sehr häufig seine Ursache in einer unzureichenden Versorgung mit Mineralstoffen während der Jugendentwicklung, aber auch während des späteren Einsatzes als Reit-, Zucht- oder Fahrpferd. In keinem Fall genügt den Pferden ein Leckstein, egal ob Salz- oder Mineralleckstein, sondern die fehlenden Vitamine und Spurenelemente müssen gezielt zugefüttert werden.

Mein Tip

Genügt Weidegras zur alleinigen Ernährung von Pferden?

Weidegras allein genügt in den seltensten Fällen für eine komplette Ernährung, da es in seinem Gehalt an Mineralstoffen und Vitaminen fast immer unausgewogen ist. Es ist deshalb unvermeidlich, daß man neben den Bodenproben etwa alle zwei Jahre Futterproben zur Untersuchung ins Labor schickt, um anschließend gezielt Mineralstoffe zufüttern zu können. Adressen erfährt man im Amt für Landwirtschaft, der Landwirtschaftskammer usw. Die Kosten schwanken stark je nach Labor und Art der Untersuchung.

Große schnellwüchsige Rassen oder solche mit einem starkknochigen Skelett reagieren auf eine Unterversorgung sehr empfindlich. Es muß daher dringend empfohlen werden, neben den Bodenproben im Abstand von zwei Jahren auch Grasproben zur Untersuchung ins Labor zu schicken und eventuell fehlende Mineralstoffe durch Zusatzfuttergaben auszugleichen.

Traditionell ging man davon aus, daß das Pferd seinen Nährstoffbedarf während des Sommers – vorausgesetzt es besteht genug Weidefläche – allein durch das Gras decken könne. Neuere

Untersuchungsauftrag Grundfutter für Pferde
Erst eine Untersuchung im Labor gibt Aufschluß über den tatsächlichen Futterwert des Weidegrases. Anschließend kann man entscheiden, was und wieviel den Pferden zugefüttert werden muß, um eine vollwertige Ernährung sicherzustellen.

LANDWIRTSCHAFTLICHE UNTERSUCHUNGS- UND FORSCHUNGSANSTALT
der Landwirtschaftskammer Westfalen-Lippe
Nevinghoff 40, 48147 Münster, Telefon 0251 / 2376-764, -753, -779; Telefax: 0251 / 2376-597

Untersuchungsauftrag Grundfutter für Pferde
Bitte je Probe nur **EINEN** Auftrag ausfüllen

Einsender:	Rechnungsempfänger:	Durchschrift an:
....	☐ wie Einsender	☐ keine
Name, Vorname	Sonstige:	☐ Fütterungsreferat 324 der
....	....	Landwirtschaftskammer
Straße:		☐ Genossenschaft / Sonstige:
	....	....
Ort:		....
....		
Tel./Fax:		

Datum: Unterschrift   **Probenbezeichnung**

Weitere Angaben bitte ankreuzen oder ausfüllen:

Futterherkunft:	① Reitstall ② Hobbyhalter ③ Landwirt ④ Sonstige ....
Futterart und hierfür empfohlene Untersuchung	|01| **Grassilage** (ca 1 kg) |02| **Heu** (ca. 500 g) |01| **Frischgras** (ca 1 kg)

Anwelkdauer (Tage):.................................
Schnitt: ☐ 1.   ☐ 2.   ☐ 3.   Erntetermin:..........................
Besondere Anmerkungen zum Futter:
Ernteverfahren: ☐ Häcksler ☐ Ladewagen   ☐ Großballen ☐ Rundballen
                  ☐ Fahrsilo ☐ Hochdruckpresse ☐ Sonstiges:.........................

Untersuchungen für Grassilage, Heu, Frischgras:	**Preise o. MwSt**
☐ Standard I (Energie,TS,Rohprotein,Rohfaser,Rohasche,Ca,P,Na)	80,00 DM
☐ Standard II (Energie,TS,Rohprotein,Rohfaser,Rohasche,Ca,P,Na,K,Mg)	100,00 DM
☐ Hygiene ☐ Sensorische Prüfung (Staub, Steine, Geruch....)	10,00 DM
☐ pH-Wert bei Silage	10,00 DM
☐ Gesamtkeimgehalt (Pilze, Hefen, Bakterien)	80,00 DM
(nicht bei Frischgras!)	

|03| **Maissilage** (ca 1 kg)   Erntetermin:.....................................

☐ Standard I (Energie,TS,Rohprotein,Rohfaser,Rohasche)	55,00 DM
☐ Hygiene ☐ Sensorische Prüfung (Staub, Steine, Geruch....)	10,00 DM
☐ Gesamtkeimgehalt (Pilze, Hefen, Bakterien)	80,00 DM

☐ **Getreide** (ca. 500 g) ☐ (z.B. Hafer):...

☐ Hygiene ☐ Sensorische Prüfung (Staub, Steine, Geruch....)	10,00 DM
☐ Botanische Reinheit (Fremdbesatz, Bruch....)	30,00 DM
☐ Gesamtkeimgehalt (Pilze, Hefen, Bakterien)	80,00 DM

☞ **Wenn Sie andere als die oben genannten Futtermittel untersuchen lassen** wollen, sollten Sie zuvor den Untersuchungsumfang mit der LUFA Münster 0251/2376-764 o. 0251/2376-761 oder mit dem Fütterungsreferat 0251/599-379 abstimmen, z.B. Kraftfutteruntersuchungen.

✐ **Eine Fütterungsberatung erhalten Sie**, wenn Sie sich bitte per Telefon 0251/599-379 oder Fax 0251/599-432 mit dem Refarat 324 in Verbindung setzen und bei Durchschrift das Fütterungsreferat ankreuzen.

Stand: August 1996

Untersuchungen zeigen, daß es sich dabei um einen Irrtum handelte. Besonders die Kupferwerte liegen häufig weit unter dem erforderlichen Wert. Da Kupfer einer der Grundbausteine für Knorpel- und Knochensubstanz ist, scheint es – vor allem bei Jungpferden sowie bei Saugfohlen – unumgänglich, auf eine geregelte Versorgung zu achten (empfohlener Richtwert liegt bei zehn Milligramm Trockensubstanz pro Kilogramm Futter). Wer bei Fohlen schmerzhaft aufgetriebene Fesselköpfe beobachtet, häufiger mit Stelzfuß oder Bockhufen zu tun hat, wenn bei Aufzuchtpferden knochige Auftreibungen an Ober- oder Unterkiefer beziehungs-

weise Überbeine auftreten, der sollte in jedem Fall das Futtergras auf die Kupferversorgung und das Calcium-zu-Phosphor-Verhältnis untersuchen lassen. Daneben findet man regional unterschiedlich Mängel an Zink (Sonnenbrand!). Bedingt durch den erhöhten Säureeintrag (saurer Regen) kann auch die geregelte Versorgung mit Selen während der Weidesaison nicht mehr sichergestellt sein. Selenunterversorgung kann zu Problemen im Bereich der Muskeln und Sehnen führen mit der Folge, daß vor allem Sportpferde häufiger unter Zerrungen beziehungsweise Muskelschmerzen nach stärkerer Beanspruchung leiden. Doch auch die Versorgung mit Vitaminen ist während der Weideperiode durch ausschließliche Graserährung nicht sichergestellt. Zuvorderst anzuführen ist in diesem Fall das Vitamin D, das für die Verwertung von Calcium aus dem Darm sowie für

Eine Schicht Schlamm auf dem Fell schützt wirksam gegen Insekten. Doch besser ist es, die Pferde erst nach dem Abtrocknen der Weide grasen zu lassen, da sonst große Trittschäden entstehen.

Abendstimmung auf der Weide – Ekzempferde, die besonders unter der Fliegenplage leiden, fühlen sich dort nachts wohler.

die Einschleusung von Calcium und Phosphor in den Knochen zuständig ist. Vitamingaben (vor allem Vitamin A und E) dürfen keinesfalls unbedacht gegeben werden, sondern nur bei Bedarf und wohldosiert.

In den wenigsten Fällen genügt das Weidegras allein für eine vollwertige Ernährung eines Pferdes. Entweder fehlen bestimmte Spurenelemente, oder es muß ein zu enges Calcium-zu-Phosphor-Verhältnis ausgeglichen werden. In anderen Fällen ist das Gras auf der Weide zu knapp, oder man möchte das Pferd stärker sportlich nutzen. Man kommt also nicht umhin zuzufüttern. Der zusätzliche Aufwand macht sich jedoch durch die bessere Gesundheit und höhere Belastbarkeit des Pferdes bezahlt.

Vielerorts werden Pferde nachts in den Stall geholt und sowieso zugefüttert. Dann sollte, da das Pferd tagsüber Gras frißt, die Krippenration auf den Weidegang abgestimmt und durch Mineralfutter sinnvoll ergänzt werden. Bei Reitpferden, die auch nachts auf der Weide bleiben, kann man das Beifutter (welches dann kleinere Mengen Kraftfutter und Mineralfutter umfaßt) nach dem Reiten geben, bevor das Pferd in die Gruppe zurückkommt. Schwieriger wird es, wenn man direkt auf der Weide in einer Gruppe zufüttern möchte. Obwohl die Pferde durch das Gras an sich

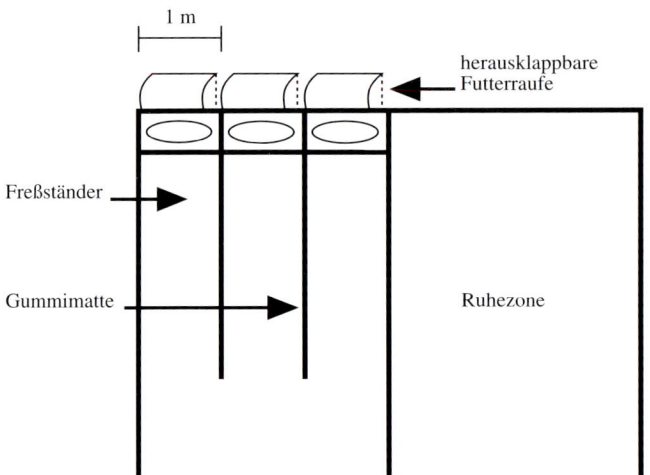

1 m

herausklappbare
Futterraufe

Freßständer

Gummimatte

Ruhezone

**Weideunterstand mit ein-
gebauten Freßständern**
Die Tiere sollen durch die
Freßstände so voneinan-
der getrennt werden, daß
sie sich beim Fressen we-
der sehen noch gegenein-
ander schlagen können.
Außerdem müssen die
Ständer mit Gummimat-
ten gut abgepolstert wer-
den. Manchmal ist es
sinnvoll, schwenkbare
Futterraufen zu benut-
zen, die von außen befüllt
werden können.

satt sind, kommt es zu Futterneid. Aus diesem Grund müssen sie, um eine individuelle Fütterung zu gewährleisten, angebunden werden. Gute Dienste leisten dabei die stabilen, senkrechten Pfosten des Weidezauns (Bitte nie an den waagrechten Latten anbinden!) oder speziell dafür in den Boden gesetzte senkrechte Pfosten (tief, stabil und in genügend großem Abstand setzen!). Im Handel erwirbt man mobile Futterraufen, die in eine passende Latte des Holzzaunes eingehakt oder in einen tief eingesenkten Metallring eingeklinkt (Patentverschluß) werden. Nach dem Füttern nimmt man sie einfach wieder ab. Die Pferde gewöhnen sich meist rasch an diese Art der Fütterung auf der Weide. Ein einzelnes Tier sollte bei Gruppenhaltung stets außerhalb der Weide gefüttert werden. Nur dort kann es ungestört und in Ruhe die ihm zugedachte Ration fressen.

Die eleganteste Methode des Zufütterns auf der Weide ist der Einbau von einfachen Freßständern in die Weidehütte.

Dabei sollte man darauf achten, daß die Tiere so voneinander getrennt sind, daß sie sich weder sehen noch gegeneinander schlagen können und daß die Freßstände gut abgepolstert (Gummimatten) werden.

Mein Tip

Fohlen auf der Weide zufüttern
Im Vollblutbereich hat sich ein sogenannter „Fohlenschlupf" gut bewährt. Es handelt sich dabei um ein Rondell aus verzinkten Stahlrohren. Nun läßt man entweder zwischen den einzelnen Elementen einen kleinen Zwischenraum, durch den Fohlen schlüpfen können, oder man zieht das Rohrgestell hoch, daß sie unter dem Rohr durchkriechen. In den Futterraufen, die innerhalb des Rondells fest montiert sind, kann gezielt Fohlenaufzuchtfutter oder entsprechendes Mineralfutter gereicht werden. Allerdings muß beim Aufstellen unbedingt darauf geachtet werden, daß

Fohlenschlupf
Bei diesem Rondell aus
verzinkten Stahlrohren
sind Zwischenräume ge-
lassen, durch die die Fohlen schlüpfen können. In
den Futterraufen inner-
halb des Rondells finden
die Fohlen Aufzucht-
oder Mineralfutter.

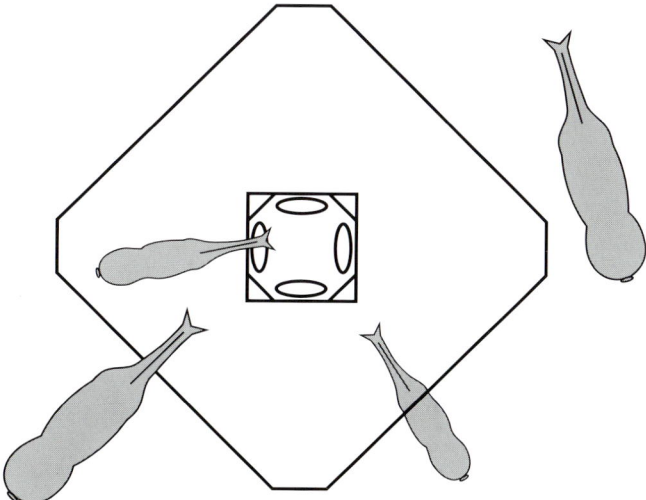

nirgendwo scharfe Kanten vorstehen, die Durchgänge für die Fohlen so schmal gehalten werden, daß kein ausgewachsenes Pferd auf den Gedanken kommt, ebenfalls durch die Lücke schlüpfen zu wollen und schließlich darin hängen bleibt, und selbstverständlich muß der Sichtkontakt zwischen Mutterstute und Fohlen die ganze Zeit über gewährleistet sein, weil sonst Unruhe entsteht oder die Fohlen den Schlupf erst gar nicht benutzen.

Die Versorgung von Saugfohlen mit Mineralstoffen, solange sie noch nicht selbständig fressen, ist schwierig. Auf dem Markt sind seit neuestem Pasten, die wie eine Wurmkur den Pferden direkt ins Maul gespritzt werden. Wer das mit Bedacht macht, kann selbst Fohlen innerhalb kürzester Zeit an die „Extraportion" gewöhnen.
Sieht man neben der Mehrarbeit beim Zufüttern auch den Vorteil, daß man

gleichzeitig die Tiere auf Verletzungen oder Krankheitssymptome untersuchen kann, so nimmt man den zusätzlichen Aufwand gerne in Kauf.

Wasserversorgung

Die Versorgung der Pferde im Sommer mit Wasser wird, wenn sie nicht richtig durchgeplant ist, zu einer argen Plackerei. Bei einem Bedarf von 30 bis 50 Litern Wasser pro Tag (bei Zuchtstuten bis zu 70 Litern) kann sich jeder leicht selbst ausrechnen, wieviele Eimer man so einen Sommer über wird schleppen müssen.
Befindet sich ein natürliches Wasservorkommen auf dem Grundstück, wie zum Beispiel eine Quelle, ein kleiner Bachlauf oder ein Seeufer, so muß man einige behördliche Auflagen beachten. Generell sollte man sich vor der Nutzung bei der unteren Landschaftsbehörde oder dem Wasserwirtschaftsamt erkundigen, ob eine Nutzung überhaupt möglich ist. Diese Ämter wissen

Für die Wasserversorgung der Pferde auf der Weide muß immer gesorgt sein.

auch über eine eventuelle Belastung der Gewässer mit Schadstoffen Bescheid. Normalerweise kann ein Bach oder eine Quelle durchaus als Pferdetränke genutzt werden. Zu beachten ist jedoch, daß das Ufer an der Stelle, an der die Tiere Zugang zum Wasser haben, befestigt wird, damit die Tiere keine allzugroßen Schäden anrichten. Auch sollte den Tieren das Ufer nicht auf ganzer Länge, sondern lediglich auf einem bestimmten Teil zugänglich sein, da gerade Bachufer von hohem Wert für den Naturschutz sind. Gibt es keine Möglichkeit, das Bachufer den Tieren direkt zugänglich zu machen, so kann man den Bachlauf mit einem Rohr oder einem Halbrohr „anzapfen". An der Einmündungsstelle sollte ein Schieber an-

gebracht werden, der bei Bedarf geöffnet und nach dem Tränken der Tiere wieder verschlossen wird. Als Tränkebecken kann eine ausgediente Badewanne dienen, ein Plastikbottich oder stilgerecht ein ausgehöhlter Baumstamm. Quellen kann man zum Beispiel mit quaderförmigen Sandsteinen einfassen. Verwendet man Tränkbecken mit glatten Wänden, so sollte man ein rauhes Holzbrettchen schräg einfügen damit kleinere Tiere, die eventuell ins Wasser fallen, nicht ertrinken, sondern sicher zurück an Land klettern können.

Mein Tip

Brunnen bohren

In dem einen oder anderen Fall lohnt es sich, nach einem natürlichen Wasservorkommen zu suchen, denn in vielen Regionen liegt der Grundwasserspiegel sehr niedrig. Die Wasserader wird entweder mittels einer Schwengelpumpe angezapft oder durch spezielle Viehtränken, mit denen sich die Pferde ihr Wasser selbst pumpen können. Erkundigen Sie sich beim zuständigen Wasserwirtschaftsamt, welche Genehmigungen Sie für das Aufstellen solcher Weidepumpen benötigen.

Ob ein natürliches, unterirdisches Wasservorkommen vorhanden ist, erkennen Sie am Auftreten Wasser liebender Pflanzen, wie Weiden, Erlen oder Binsen. Manchmal wissen auch ältere Landwirte um solche Plätze. Zuletzt gibt es noch den guten alten Wünschelrutengänger, der schon so manche Quelle aufgespürt hat. Die Bohrung selbst wird entweder von einem speziellen Unternehmen (was sehr teuer ist!) oder von der einheimischen Feuerwehr (Kasten Bier!) durchgeführt. Dabei werden Rohre in den Boden getrieben. Das Wasser kann später mit einer Schwengelpumpe zutage gefördert werden. In manchen Fällen kann man das Pumpen den Pferden mittels einer speziellen Weidetränke selbst überlassen, doch nicht jedes Pferd eignet sich für diese Methode. Das Zubehör ist im landwirtschaftlichen Handel erhältlich.

Wer auf keine natürlichen Wasservorkommen zurückgreifen kann, muß sich anders helfen. Entweder benutzt man einen Wasserwagen, oder man verlegt in stallnahen Koppeln eine externe Wasserleitung. Letztere ist zwar eine bequeme, aber auch eine sehr aufwendige und teuere Methode. Die Leitungen müssen unbedingt frostfrei im Boden liegen (mindestens 50 Zentimeter unter

Besonders praktisch sind solche Selbsttränken, wenn die Rohre frostsicher unter der Erde liegen.

der Erdoberfläche). Um Frostschäden an den Tränken und Leitungen vorzubeugen, sollten Sie den Wasserzulauf nach Weideabtrieb mit einem Abstellhahn sperren und die Leitungssysteme und Tränken leerlaufen lassen.

Als Wasserwagen dient ein ausgedienter Güllewagen oder ein Güllefaß, das sehr gründlich mit klarem Wasser gereinigt werden sollte. Für einen Schnäppchenkauf ist der Herbst die beste Jahreszeit. Im Winter hat man außerdem genügend Zeit, die notwendigen Reparaturen und Veränderungen durchzuführen. Lassen Sie vor dem Kauf den Tank einmal mit Wasser vollaufen, um Lecks und undichte Schweißnähte erkennen zu können. Diese können dann den Preis entweder mindern, oder man besteht darauf, daß der Vorbesitzer für einen verwendungsfähigen Zustand sorgt.

Verzinkte Fässer eignen sich für die Pferdehaltung besser, als Kunststofffässer, denn sie sind stabiler, leichter zu reparieren (Schweißgerät), und das Wasser heizt sich darin nicht so rasch auf. Kleine Wasserwagen sollten unbedingt nicht nur an der Deichsel eine Stütze haben, sondern auch hinten zwei, damit die Pferde sie nicht beim Scheuern umwerfen können, sobald sich der Wasserspiegel gesenkt hat. Im Übrigen ist selbstverständlich darauf zu achten, daß sich die Pferde nirgendwo an vorstehenden Kanten verletzen oder sich mit den Hufen daran verfangen können. Das Wasser muß nach jeweils drei Tagen, spätestens aber nach einer Woche ausgetauscht werden.

Weide optimal ausnutzen

Das Ziel einer gut geführten Pferdeweide muß es sein, den Futterbedarf der Tiere und den Grasaufwuchs im Gleichgewicht zu halten. Dieses Ziel ist gar nicht so einfach zu erreichen.

Über- und Unterweidung

Zwei der häufigsten Fehler im Weide-Management sind Unter- und Überweidung. Unterweidung tritt ein, wenn die Wiese mehr Futter liefert, als von den Tieren abgefressen wird. Die Folge ist, daß die Gräser hoch aufwachsen, verholzen und kaum mehr gefressen werden. Die Pferde zertreten den Aufwuchs und verunreinigen ihn durch Mist.

Das Problem tritt besonders im Frühsommer auf, wenn das Gras noch stark

wächst und nur wenige Tiere gegen den Grasberg ankämpfen. Die Folgen einer solchen Unterweidung sind einmal der materielle Verlust (Futter ist teuer!), zum anderen entstehen durch die abgestorbenen Gräser im Winter filzige Überzüge, die viele Pflanzen beim Neuaustrieb im Frühjahr ersticken.

Stehen zu viele Pferde auf der Weide, kommt es dagegen zu einer Überweidung der Koppel und in der Folge zur Erschöpfung der Grasnarbe. An den Koppeltoren und den Wechseln wird die Grasnarbe sogar total zerstört. Überall auf der Wiese sind deutliche Trittschäden zu sehen, was den Unkräutern die Ansiedlung ermöglicht, und der Neuaufwuchs dauert durch den ständigen Verbiß der Pferde sehr lange. Doch auch wenn das Verhältnis Tier zu Pflanze optimal eingestellt ist, kommt es auf den Weiden zu einer zumindest selektiven Unterweidung. Unsere Leckermäuler suchen sich nämlich das heraus was ihnen am besten schmeckt. Diese Pflanzen werden immer wieder geschädigt. Der Rest wird stehen gelassen. Ein wirksames Mittel gegen diese selektive Unterweidung ist das Portionieren und Nachmähen der Fläche.

Die selektive Überweidung sieht man oft, wenn Standweiden nicht ausreichend oder falsch gedüngt werden, dabei wenig von sich aus wachsen und sich gleichzeitig viele Tiere darauf tummeln. Auch hier werden die weniger schmackhaften Pflanzen geschont und alles andere rigoros und ohne eine Erholungspause verbissen. Dadurch werden Pflanzen gefördert, die sich den Zähnen unserer Weidetiere entziehen, weil sie zum Beispiel stachelig, giftig oder von schlechtem Geschmack sind.

Ein Auslauf, der groß genug für Spielereien und Rangordnungskämpfe ist, schont die Weide.

Auf solchen Flächen sollten zunächst die wertvollen Futterpflanzen durch eine gezielte Düngergabe gefördert und ihnen ausgiebig Zeit gelassen werden, sich wieder zu regenerieren (Weidepause). Doch zumeist wird das nicht genügen. Weitere Maßnahmen wie eine Reparatursaat sind nötig.

Umtriebs- und Portionsweide

Durch geschickte Planung läßt sich die Produktion des Grases während des Sommers steuern und der vorhandene Futtervorrat besser ausnutzen. Gerade wer nur wenig Weidefläche zur Verfügung hat, ist mit der Umtriebsweide gut beraten. Dem Zertrampeln von wertvol-lem Weidegras wird vorgebeugt, indem die Tiere im Vergleich zur Standweide nur kurz auf einer Fläche verweilen. Die Pferde werden die vorhandene Fläche besser ausnutzen und sogar einen hygienischen Nutzen (Wurmgefahr) daraus ziehen. Wer sich dazu entschließt, die Standweide in eine Umtriebsweide zu verwandeln, dem stehen nur wenige Kosten ins Haus, aber viele Vorteile gegenüber:

Per E-Zaun (Breitband) oder – wer Nägel mit Köpfen machen möchte – mit Holzzaun wird die Gesamtweide in kleinere Parzellen unterteilt. Ideal ist es, wenn insgesamt sieben Einzelstücke entstehen, die jedoch groß genug sein müssen, daß die Pferde auch einmal im Galopp laufen können, ohne sofort vor dem nächsten Zaun zu stehen. Rechteckige bis langgestreckte Teilstücke eignen sich deshalb besser als quadratische.

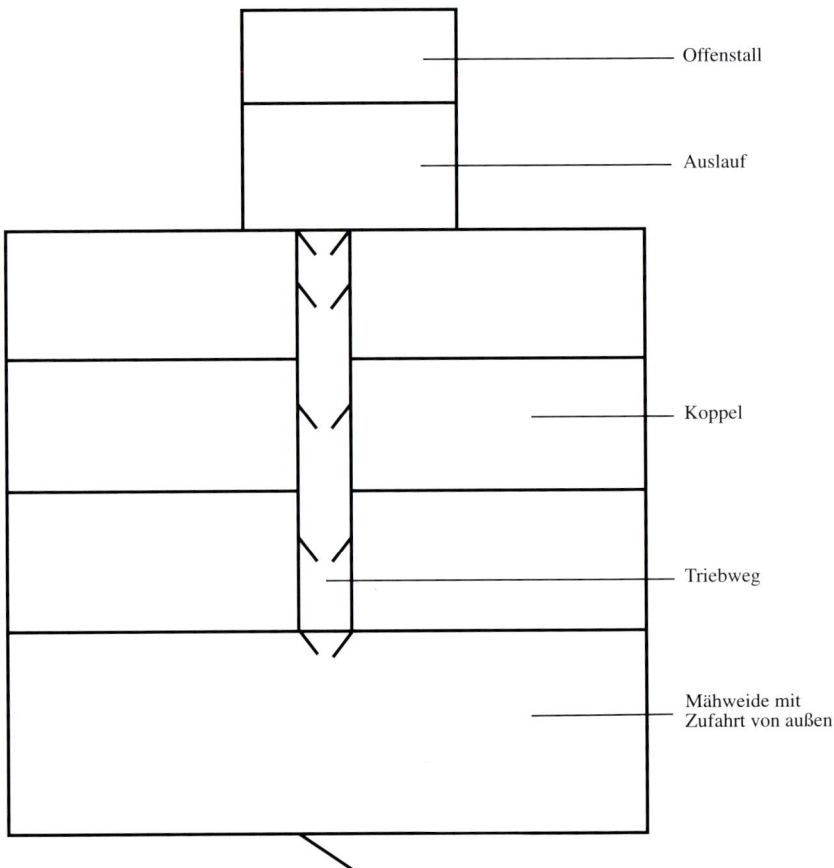

Offenstall

Auslauf

Koppel

Triebweg

Mähweide mit
Zufahrt von außen

Umtriebsweide für Beweidung und Schnitt
Mit einem Breitband-Elektrozaun oder
Holzzaun wird die Gesamtweide in kleinere
Parzellen unterteilt. Ideal ist es, wenn insgesamt
sieben rechteckige, nicht zu kleine Teilstücke
entstehen. Beweidet wird davon jeweils nur eines, während die anderen ruhen.

Mein Tip

Rotationsweiden – praktisch und gesund
- Planen Sie einen Triebweg ein, über
  den die Pferde von jeder Weide aus zu

ihrem Unterstand oder sogar in den
Offenstall gelangen können. Die
Selbsttränke versorgt sie dort mit
Wasser, und in den vorhandenen
Freßständern kann abends zugefüt-
tert werden.
- Achten Sie darauf, daß der Triebweg
  breit genug ist, um mit Traktor und
  Anhänger beziehungsweise mit dem
  Wiesenstriegel durchzukommen.
- Aus arbeitstechnischen Gründen
  sollte man sowohl auf dem Triebweg
  als auch auf den Teilstücken mög-

lichst auf Krümmungen und starke Kurven verzichten, weil sie die mechanische Pflege behindern und die Befahrbarkeit mit dem Traktor erschweren. Solche „tote Flächen" können für Anpflanzungen (Hecken, hochstämmige Bäume) genutzt werden.

- Wählen Sie die Größe der einzelnen Teilstücke so, daß die Pferde jeweils nur auf einer einzigen „Teilweide" für je etwa eine Woche fressen können, während die anderen Stücke geschont werden. So kann sich die von den Tieren verbissene Grasnarbe erholen und ungestört nachwachsen. Die Weidepflanzen bleiben konkurrenzstark, die Grasnarbe geschlossen, und man hat nur wenig Probleme mit Unkräutern. Eine Mindestgröße von einem halben Hektar sollte jedoch nicht unterschritten werden.

Bei größeren Teilstücken (mehr als einem Hektar) oder Wiesen, die sehr stark wachsen, ist es günstiger, die Pferde streifenweise fressen zu lassen. Diese Portionsweide macht etwas mehr Arbeit, weil keine Teilstücke festgelegt werden. Dafür verfügt man aber über ein wesentlich mobileres System, das man sowohl dem Futterbedarf der Pferde, als auch dem Grasaufwuchs anpassen kann. Die Methode ist ebenso einfach wie effektiv. Mit Elektrobreitband und mobilen Pfosten aus Glasfiber oder Kunststoff wird die Weide einmal quer unterteilt. Anschließend wird der Zaun jeden Tag oder jeden zweiten ein Stückchen weiter in den Aufwuchs hinein versetzt, während man im hinteren, abgefressenen Teil einen zweiten E-Zaun zieht, um das abgefressene Wiesenstück wieder zu schonen. Vorausgesetzt man hat keinen notorischen Ausbrecher in der Gruppe, werden die Pferde immer genau das zugeteilte frische Futter fressen. Gerade bei Robustpferderassen, die sonst nur stundenweise auf die Weide könnten, hat es sich bewährt, solche Tagesrationen zuzuteilen.

Mein Tip

Pfosten für harte Böden

Auf sehr steinigen oder lehmigen Böden sollte man darauf achten, daß die Pfosten einen stabilen Fuß besitzen, weil man sie sonst im Sommer nicht mehr in den trockenen Boden bekommt. Wer Ecken oder Kurven mit mobilem E-Zaun gestalten will, der baut sich aus Winkeleisen inflexible Pfosten, die mit einem Gummihammer eingeschlagen werden. Auf der gewünschten Höhe werden Löcher in das Metall gebohrt und Isolatoren eingeschraubt (man benutzt dafür solche, die mit einer Mutter gesichert werden). Inflexible Metallpfosten verwendet man auch, um längere Mobilzaunstrecken zu stabilisieren.

Die Erfahrung hat gezeigt, daß das durch die Umtriebsweide beziehungsweise Portionsweide bedingte Kurzhalten der Gräser im periodischen Rhythmus mit völliger Weideruhe der Grasnarbe sichtbar gut tut: Die Bestockung wird angeregt, und die Grasnarbe wird dichter und trittfester. Dichte Grasnarben aber bieten den Wiesenunkräutern keine Ansiedlungsmöglichkeit. Auch wird das Futter von den Pferden besser

Pferde lieben Gesellschaft – auch auf der Weide.

narbe auszulaugen. Nicht selten ist es sogar möglich, von einem im Frühjahr nicht beweideten Stück einen Schnitt abzuernten und so einen Teil des Winterfutters zu sichern.

Wurmgefahr – oft unterschätzt

Während die meisten Pferdebesitzer ihre Pferde im Winter sehr sorgfältig entwurmen und auf einwandfreie hygienische Lebensbedingungen (Entfernen des Kotes in den Boxen und Ausläufen, saubere Einstreu, einwandfreies Futter) achten, wird während der Weidesaison vorschnell alles Wissen über Hygiene und Wurmgefahr über Bord geworfen. Vielerorts wird man mit ungläubigen Augen verfolgt oder sogar ausgelacht, wenn man den Pferdemist von der Wiese absammelt, dabei ist dies die einfachste und effektivste Methode, den Wurmdruck für die Pferde gering zu halten. Heutzutage stehen dem Pferdehalter kaum mehr „saubere", nicht infizierte Flächen zur Verfügung. Die einseitige Beweidung mit Pferden führte dazu, daß die Koppel zu einer wesentlichen Infektionsquelle des Pferdes mit Wurmlarven wurde. Während man daher früher riet, die Pferde vor dem Weideaustrieb zu entwurmen, muß man heute dazu übergehen, dies alle zwei Monate durchzuführen, denn die ansteckungsfähigen Larven des Vorjahres machen die Ergebnisse der Stallentwurmung schon nach kurzer Zeit zunichte. Vor allem bei Jungpferden sind weitere Entwurmungen im Verlauf des Sommers notwendig. Eine Ausnahme bilden Pferde, die neu in den Bestand kommen. Bei ihnen sollte man lieber drei Tage, bevor man sie mit auf die Weide schickt, eine Wurmkur vornehmen.

ausgenutzt. Der im Frühjahr anfallende Grasberg kann durch frühzeitige Beweidung, bei der man bewußt auf einem Teil der zur Verfügung stehenden Fläche den ersten Aufwuchs hemmt, etwas abgeflacht werden. Auf der anderen Seite wird durch die ausgedehnten Weidepausen die Wachstumsdepression im Juni besser überwunden, ohne die Gras-

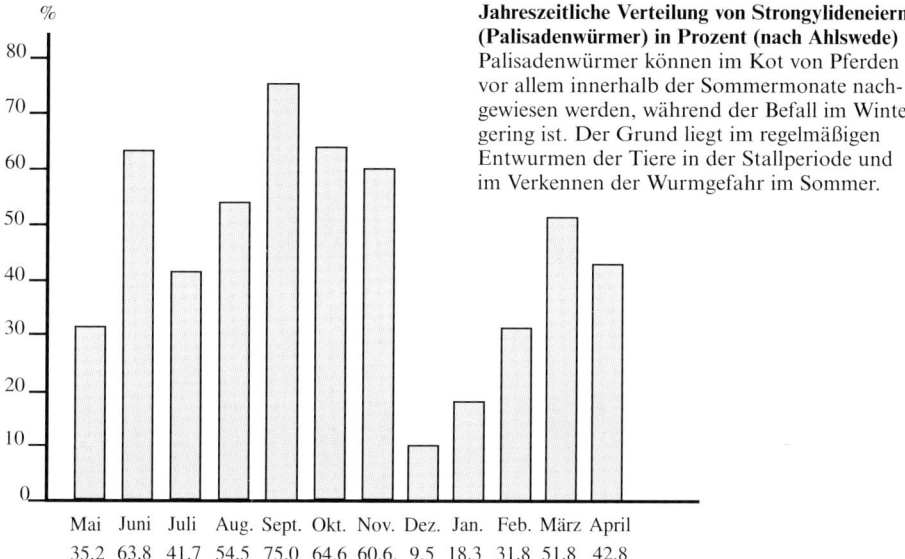

Jahreszeitliche Verteilung von Strongylideneiern (Palisadenwürmer) in Prozent (nach Ahlswede)
Palisadenwürmer können im Kot von Pferden vor allem innerhalb der Sommermonate nachgewiesen werden, während der Befall im Winter gering ist. Der Grund liegt im regelmäßigen Entwurmen der Tiere in der Stallperiode und im Verkennen der Wurmgefahr im Sommer.

	Mai	Juni	Juli	Aug.	Sept.	Okt.	Nov.	Dez.	Jan.	Feb.	März	April
	35.2	63.8	41.7	54.5	75.0	64.6	60.6.	9.5	18.3	31.8	51.8	42.8

Wurmpräparate sind teuer, und ihre Anwendung belastet den Organismus des Pferdes. Es ist daher notwendig, überlegt und strategisch sinnvoll vorzugehen. Insbesondere die Untersuchung von Kotproben dienen als aussagekräf-

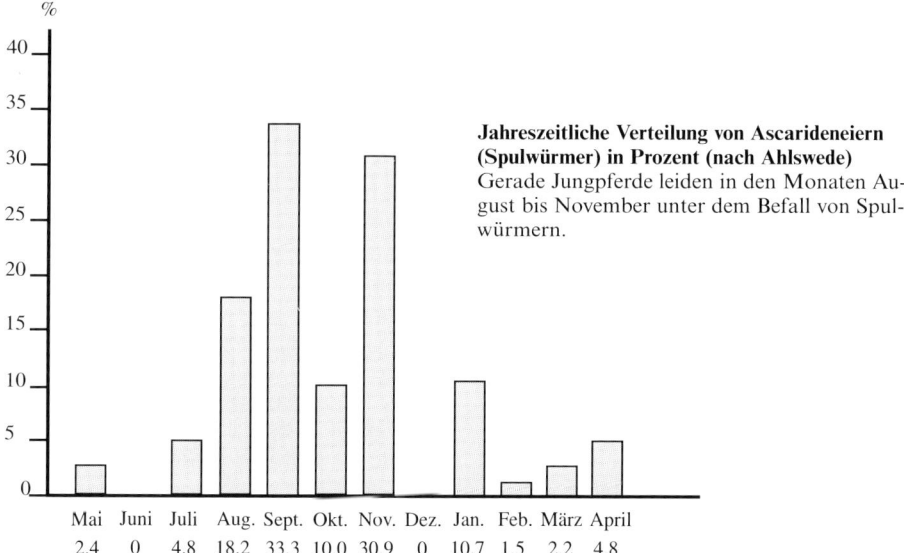

Jahreszeitliche Verteilung von Ascarideneiern (Spulwürmer) in Prozent (nach Ahlswede)
Gerade Jungpferde leiden in den Monaten August bis November unter dem Befall von Spulwürmern.

	Mai	Juni	Juli	Aug.	Sept.	Okt.	Nov.	Dez.	Jan.	Feb.	März	April
	2.4	0	4.8	18.2	33.3	10.0	30.9	0	10.7	1.5	2.2	4.8

tiges Hilfsmittel, um Darmparasiten gezielt bekämpfen zu können, denn durch sie erfährt man nicht nur, ob und in welchem Maße, sondern auch mit welchen Arten der Pferdebestand verseucht ist. Dies wird wichtig für die Auswahl des wirksamsten Präparates, denn in den letzten Jahren wurden zunehmend Resistenzen (bei kleinen Strongyliden) gegenüber Wirkstoffen aus Benzinmidazolen bekannt.

Mein Tip

Kotproben entnehmen
Individuelle Kotproben:
Will man eine Kotprobe von einem ganz bestimmten Tier, so stellt man es entweder über Nacht in die Box oder man wartet, bis das Pferd von sich aus auf der Weide „etwas fallen läßt".
Sammelproben:
Bei Sammelproben entnimmt man von verschiedenen, frischen Kothaufen kleine Einzelproben, die in einer sauberen Plastiktüte gemischt werden.
Die Proben sollten immer von frischen Kothaufen und möglichst am Wochenanfang genommen werden (damit sie nicht übers Wochenende auf dem Postamt liegen bleiben). Ein oder zwei Äpfel genügen. Anschließend verpackt man sie in einen sauberen Gefrierbeutel oder in ein Glas und schickt sie gekennzeichnet (wasserunlöslicher Folienstift) an ein einschlägiges Institut (Adressen im Anhang dieses Buches) oder übergibt sie dem Tierarzt. Auch der Erfolg einer Wurmkur und eventuell auftretende Resistenzen der Parasiten gegenüber dem verwendeten Präparat können mittels Kotprobe kontrolliert werden. In diesem Fall entnimmt man eine zweite

Probe zwei Wochen nach Verabreichung des Medikamentes.

Allerdings darf man den großen Nachteil der Aussage einer Kotprobe nicht unter den Tisch fallen lassen: Es werden vom Pferd nämlich nur Eier beziehungsweise Larven von geschlechtsreifen Parasiten ausgeschieden. Diese Tiere haben ihre Wanderung durch den Pferdekörper bereits beendet und dort Schäden angerichtet. Außerdem werden die im Pferdekörper befindlichen Larvenstadien bei der Kotprobe nicht erfaßt. Es ist also durchaus möglich, daß ein Pferd, das laut Kotprobe „kaum befallen" scheint, trotzdem mit zahlreichen Larven verseucht ist.

Wichtig

Wurmkuren während der Weidesaison:
Gerade während der Weidesaison darf man weder den Impfrhythmus unterbrechen, noch auf das Entwurmen verzichten. Kotproben, die man zweimal im Jahr entnehmen sollte, ermöglichen eine gezielte Anwendung der Präparate und eine Überprüfung, ob und in welchem Umfang sie wirksam waren. Schematische Entwurmungen, wie sie früher üblich waren, sind weniger effektiv.

Früher wurden die Weiden selten ausschließlich von Pferden beweidet, sondern diese teilten sich das Grünland mit Rindern und Schafen, was große hygienische Vorteile brachte und wodurch eine Weide effektiver genutzt wurde.

Beliebte Weidepartner für Pferde sind Rinder.

Derartige Situationen sind heute nur noch sehr selten anzutreffen. Zur Mischbeweidung eignen sich prinzipiell Wiederkäuer, in erster Linie Rinder, Ziegen und Schafe. Geflügel, wie zum Beispiel Gänse, eignen sich weniger (Salmonellengefahr!). Nur in Ausnahmefällen ist es günstig, diese Tierarten selbst anzuschaffen. Rinder und Schafe kann man nicht nebenbei halten, denn auch sie brauchen eine sachkundige Pflege, und die Besitzer sollten ein gewisses Maß an Routine im Umgang mit solchen Tieren haben. Daher ist es günstiger, einen benachbarten Landwirt oder den Schäfer zu fragen, ob er seine Tiere nicht die Flächen nachweiden lassen möchte.

Mein Tip

Mischbeweidung
Den ersten Grasaufwuchs kann man von Rindern oder Schafen abweiden lassen. Diese fressen zusammen mit dem Gras die überwinterten, infektionsfähigen Larven. Vielleicht ist ein Landwirt oder Schäfer bereit, für diese erste Zeit im Frühjahr die Koppeln zu tauschen, so daß keiner einen Nachteil aus dem Abkommen zieht. Auch eine Nachweide im Herbst ist sinnvoll, wobei in diesem Fall den leichteren Schafen der Vorzug gegeben werden sollte, da sie weniger Trittschäden verursachen.

Die meisten Pferdehalter wollen oder können jedoch nicht auf ihr Gras verzichten. In diesem Fall empfiehlt es sich, turnusmäßig die einzelnen Koppeln für den ersten Schnitt zu nutzen. Auch die Düngung mit Kalkstickstoff (siehe Kapitel „Kalk: Reiche Väter . . .") hat einen positiven hygienischen Nebeneffekt.

In Zusammenarbeit mit dem Hoftierarzt muß individuell die optimale Lösung für das Parasitenproblem erarbeitet werden. Dafür nützlich sind die Ergebnisse der Kotuntersuchungen.

Achtung Würmer! Auf der Weide kann man es nicht vermeiden, daß die Pferde mit den Halmen auch Wurmlarven aufnehmen.

Vom Gras zum Winterfutter

Nur die wenigsten Hobbypferdehalter werden in der Lage sein, ihren gesamten Winterfutterbedarf an Heu oder Silage selbst zu machen. Viele Gründe sprechen jedoch durchaus dafür, wenigstens einen Teil des Grünlands im Schnitt zu nutzen. Nicht nur der Preis (es ist nicht immer billiger, selbst zum Mähwerk zu greifen) spielt dabei eine Rolle. In erster Linie gilt es, das anfallende Grünfutter optimal auszunutzen, denn insbesondere im Frühjahr wächst der Grasberg auf gut gepflegten Weiden so rasch und gewaltig an, daß die Pferde nicht mehr dagegen anfressen können. Bevor das Futter überständig wird und an Wert verliert, lohnt es sich, selbst zu Mähwerk und Heuwender greifen zu können. Man kann darüberhinaus auf die Qualität des Winterfutters direkt Einfluß nehmen.

Woran man vor der Ernte denken muß

Noch steht das Gras frisch und grün vor uns, und doch ist es Zeit, an die Ernte zu denken. Einige wichtige Dinge sind im Vorfeld zu organisieren. Falls kein eigener Heuboden vorhanden ist, sollte man nach Lagermöglichkeiten bei Bauern nachfragen, die kein eigenes Vieh mehr besitzen. Anschließend sollte der Heuboden zunächst einmal geordnet und ausgefegt werden. Achten Sie auch auf eventuell vorhandene Wespennester und lassen Sie diese vom Fachmann (Imker,

Feuerwehr) entfernen. Überprüfen Sie die Haltbarkeit der Bretter auf dem Heuboden. Morsches Holz muß ersetzt werden, damit während der Arbeit niemand plötzlich durchbricht. Zuletzt sollten Sie mit dem Lohnunternehmer sprechen und ihm ankündigen, daß Sie in Kürze auf seine Hilfe zwecks Schnitt, Wenden oder Pressen zurückgreifen möchten. Überprüfen Sie daraufhin die Funktionstüchtigkeit eventuell vorhandener Maschinen und Geräte (Seilwinde, Ballenförderer, Traktor, etc.).

Maschinenpark: ja oder nein?

Für den Freizeitpferdehalter lohnt sich nur in den seltensten Fällen der eigene Maschinenpark, da die Menge an Heu oder Silage zu gering ist, um die teuren Anschaffungskosten langfristig auszugleichen. Außerdem muß jede Maschine, jedes Gerät gewartet und gepflegt werden, damit es einen nicht gerade dann im Stich läßt, wenn es am nötigsten gebraucht wird. Andererseits ist die Heuernte eine saisonbedingte Arbeit, die manchmal innerhalb weniger Tage in ganzen Landstrichen durchgezogen wird. Arbeitswillige Hilfskräfte und Maschinen sind dann rund um die Uhr ausgelastet und der Lohnunternehmer längst ausgebucht, wenn man nicht rechtzeitig anfragt. Trotz Voranfrage braucht man nur wenig Phantasie um zu ahnen, an welcher Stelle der „Erntepräferenzliste" ein Hobbypferdehalter als Kleinabnehmer steht.

Ab einem gewissen Tierbestand und Größe der Anlage ist deshalb durchaus die Anschaffung eines kleinen Traktors zu empfehlen. Eine Maschine, ein Gerät oder ein Hänger wird nämlich rasch vergeben, wenn der Landwirt es nicht gerade selbst braucht, der Schlepper ist jedoch immer im Einsatz und wird deshalb nie verliehen.

Die Vielzahl der Traktormodelle ist für den Laien unüberschaubar. Wählen Sie eine Marke, die eine Vertretung in Ihrer Nähe und sich bei Landwirten in der Nachbarschaft bewährt hat. Lassen Sie sich nicht ein monströses, wartungsintensives, überdimensioniertes Ungetüm andrehen. Ein älterer, robuster Traktor (achten Sie auf eine möglichst neue TÜV-Plakette) mit wenig Elektronik ist viel billiger und wird seinen Dienst tun, da er ja wenig beansprucht wird. Wer Rundballen verwenden will, der braucht einen Frontlader mit Gabel, der dann jedoch wieder über eine entsprechende PS-Zahl verfügen muß.

gilt man für die Landwirtschaftskammer als Landwirt und kann einen Antrag auf Gasölverbilligung (Rückvergütung der auf Dieselkraftstoff erhobenen Steuer) stellen. Außerdem kann man auch Anträge für weitere Subventionen (Extensivierungsprämie, Mutterkuhprämie, Schafprämie, Bullenprämie, usw.) anfordern. Auch ist es möglich, für den Traktor bei der Anmeldung beim Finanzamt eine grüne Nummer zu erhalten (Steuerbefreiung). Das Fahrzeug darf dann jedoch nur im landwirtschaftlichen Betrieb genutzt werden.

Ab einer Nutzungsfläche von vier Hektar ist der Pächter oder Eigentümer verpflichtet, Beiträge zur landwirtschaftlichen Rentenversicherung (auch für den Ehepartner!) zu zahlen. Diese Beitragspflicht kann unter Umständen weitaus höher sein, als vom Zusatzeinkommen über Subventionen etc. zu erwarten ist. Aus diesem Grund empfiehlt es sich, vor Anpachtung oder Kauf von Wiesen und Weiden genau zu rechnen.

Wie bereitet man den Traktor auf die Heuernte vor?
- Getriebe- und Motoröl überprüfen (eventuell mit Öl- und Ölfilterwechsel) sowie Dieselfilter wechseln,
- Lichtanlage überprüfen (auch den Arbeitsscheinwerfer),
- Vorderachse, Räder und Hubgestänge der beiden Unterlenker abschmieren,
- Reifendruck dem Feldeinsatz anpassen (etwas niedriger als bei Straßenfahrten),
- Kühlerflüssigkeit überprüfen,
- Tanken und Dieselvorrat besorgen.

Mit der Anschaffung eines Traktors stellt sich für viele Hobbypferdehalter auch die Frage, ob sie den Schritt zum Nebenerwerbslandwirt wagen sollen oder nicht. Doch nicht immer ist dies wirklich ein Vorteil. Ab einer Acker- und Grünlandfläche von vier Hektar

Wer mit kleinen Preßballen arbeitet und weiß, wieviel Schweiß es kostet, Heu mit der Heugabel auf den Dachboden zu stechen, der ist mit der Anschaffung eines Förderbandes (Ballenförderer) gut beraten. Solche Maschinen verringern den Arbeits- und Kraftaufwand erheb-

Voraussetzung für hochwertiges Heu ist eine artenreiche Wiese.

lich. Zumeist müssen Sie jedoch mit Strom (Starkstrom) betrieben werden, so daß ein Anschluß in der Nähe des Gebäudes liegen muß.

Der Kauf eines Mähwerkes rechnet sich nur für größere Grünlandbetriebe (ab fünf Hektar). Gängig sind heutzutage die sogenannten Kreiselmäher. Im Gegensatz zum Balkenmäher, der im Wesentlichen aus einem metallenen Messerbalken besteht, hängen die Messer des Kreiselmähers an großen, metallenen Tellern (meistens zwei Stück).

Achtung!

Die Teller des Kreiselmähers rotieren mit hoher Geschwindigkeit, was den recht kleinen Messern ungeheure Kraft für den Schnitt gibt. Da es durchaus einmal vorkommen kann, daß sich ein Messer aus seiner Halterung löst oder Steine hochgeschleudert werden, sollten sich weder Tiere noch Menschen in der Nähe befinden, wenn der Kreiselmäher läuft.

Die Technik des Kreiselmähers wurde in den letzten Jahren sehr verbessert. Modernere Geräte kann man über den Oberlenker gut in der Höhe einstellen. Balkenmäher sind selten geworden und können zuweilen recht preisgünstig erworben werden. Mit dem Standard der modernen Kreiselmäher halten sie jedoch kaum mehr Schritt. Auch ist es ein Gerücht, daß sie sich für die Futtergewinnung besser eignen oder ungefährlicher sind.

Heuwender und Schwader sind im Grunde genommen sehr einfach zu bedienende Geräte, die wenig Pflege brauchen und auch einmal günstig zu ergat-

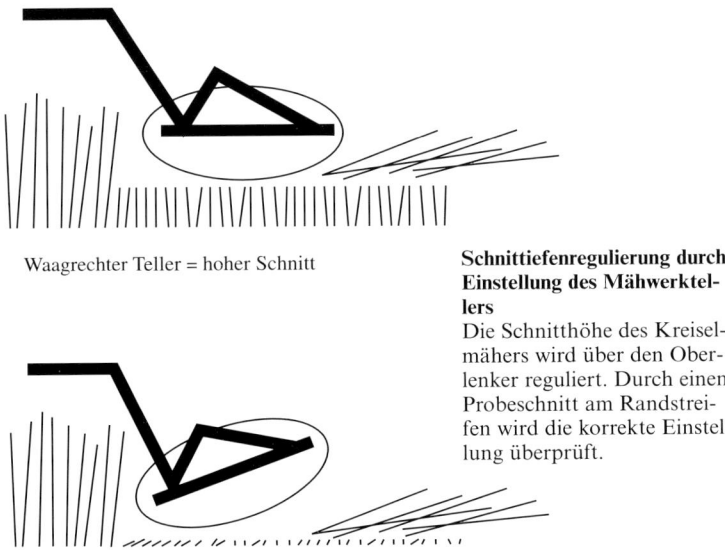

Waagrechter Teller = hoher Schnitt

Schnittiefenregulierung durch Einstellung des Mähwerktellers
Die Schnitthöhe des Kreiselmähers wird über den Oberlenker reguliert. Durch einen Probeschnitt am Randstreifen wird die korrekte Einstellung überprüft.

Gekippter Teller = tiefer Schnitt

tern sind. Der Heuwender wirft das geschnittene Gras auf und wirft es in breitem Schwall hinter sich weg. Der Schwader dagegen recht es wieder zusammen und legt es in eine Reihe, dem sogenannten Schwad. Etwas teurer sind Kombigeräte, die beides können, weil man die Zinken, die in das Heu greifen, in verschiedenen Stellungen einrasten und die Maschine auf unterschiedliche Arbeitsbreiten eingestellt werden kann.

Gute, technisch einwandfreie Maschinen erleichtern die Ernte in jedem Fall und ermöglichen es im Grunde jedermann, der minimale landwirtschaftliche Vorkenntnisse und Spaß an der Arbeit mit Maschinen hat, die Heuernte selbst in die Hand zu nehmen. Da viele Landwirte die aktive Landwirtschaft aufgeben, den Betrieb auf Ackerbau ohne Tierhaltung umstellen oder in den Vorruhestand treten, kann man mit ein bißchen Geduld (Lesen der Klein-

anzeigen im Landwirtschaftlichen Wochenblatt, regelmäßige Besuche beim Landmaschinenhändler) so manches Schnäppchen machen. Allerdings muß man immer die Möglichkeit besitzen, die Geräte nach getaner Arbeit trocken und luftig unterzubringen, denn im Freien rosten die Metallteile und machen die Geräte auf Dauer unbrauchbar.

Heu und Silage

Sie verschönern zwar nicht unbedingt die Landschaft, aber inzwischen haben wir uns an den Anblick der großen weißen, schwarzen oder grünen Ballen gewöhnt. Seit Entdeckung der Wickelfolie hat die Silage in allen Bereichen der Tierfütterung ihren Einzug gehalten. Doch nicht immer hielt sie, was der Enthusiasmus der ersten Jahre versprach.

Der Siliervorgang
Spezielle Bakterien verwandeln unter Luftab-
schluß die im Futter enthaltenen Kohlenhydrate
(Stärke, Zellulose und Zucker) in Milchsäure
um. Luftzufuhr durch undichte Folien führt zu
Fehlgärungen und läßt das Futter verderben.

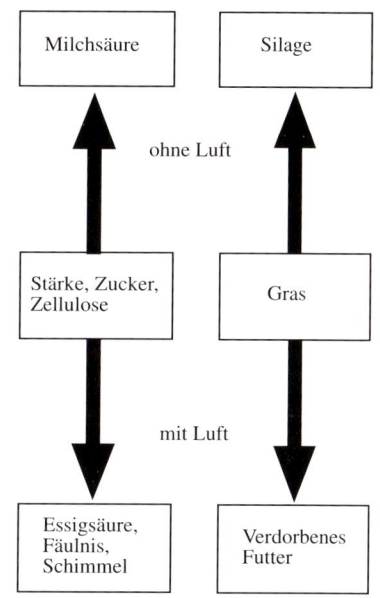

Bei Silage handelt es sich um durch
Gärung konserviertes Grünfutter. Der
chemische Prozeß, der zur Haltbarma-
chung führt, ist dem der Sauerkrautbil-
dung zu vergleichen. Unter Luftab-
schluß verwandeln spezielle Bakterien
die im Futter vorhandenen Kohlenhydrate (Stärke, Zellulose und Zucker) in
Milchsäure. Diese zunehmende „Ver-
säuerung" des Grases bewirkt die Kon-
servierung, das heißt schädliche Bakterien werden unterdrückt. Sobald die im
Futter vorhandenen Zuckerreserven
verbraucht sind oder ein bestimmter
Säuerungsgrad erreicht ist, kommt der
Vorgang zum Erliegen, und man hat ein
Endprodukt, das lange haltbar ist, von
den Tieren gerne gefressen wird und das
außerdem einen höheren Nährwert hat,
als das vergleichbare Heu.

**Tabelle: Inhaltsstoffe in Prozent von Grassilagen (erster Aufwuchs) in Abhängigkeit vom
Schnittzeitpunkt nach Untersuchungen der Landwirtschaftskammer Westfalen/Lippe**

Schnitt-zeitpunkt	Entwicklungs-stadium	Trocken-substanz-gehalt	Inhaltsstoffe/ Nährstoffgehalte (in der TS) VD d. orga-nischen Substanz	Roh-faser	Roh-protein	Energie (MJ)
früh	vor dem Ähren-bzw. Rispen-schieben	16,0	79	18,8	24,1	6,75
mittelfrüh	beim Ähren-bzw. Rispen-schieben	18,0	77	23,9	20,8	6,39
mittelspät	Beginn bis Mitte der Blüte	22,0	72	26,8	17,5	5,95
spät	Ende der Blüte	24,0	69	30,2	15,9	5,46

VD = Verdaulichkeit

Mein Tip

Einwandfreie Silage herstellen:
Sehr wichtig bei der Herstellung von Silage ist, daß jede Luftzufuhr ausgeschlossen wird, da Milchsäurebakterien streng an eine sauerstoffarme Umgebung gebunden sind. Sobald die Wickelfolie nicht ganz dicht schließt, schleichen sich „Konkurrenten" aus dem sauerstoffreichen Mikrobenfeld ein, wie zum Beispiel Essigsäure-, Fäulnisbakterien oder Schimmelpilze. Diese verderben das Futter.

Ein weiterer wichtiger Punkt ist, daß Verunreinigungen durch Erde (zu tiefer Schnitt) sowie das Vorhandensein von grobstengeligem Unkraut (z. B. Ampfer, Distel, Brennessel) vermieden werden muß. Lassen Sie das Anwelkgut von der Ballenpresse häckseln (Länge 10–20 Zentimeter). Dies gewährleistet sowohl ein besseres Vergären, als auch ein leichteres Abwickeln des Futters.

Einwandfreie Grassilage ist relativ feucht, riecht dabei jedoch angenehm sauer, weder nach ranziger Butter noch nach Essig, sie weist keine Schimmel- oder Fäulnisstellen auf und ist von deutlich grüner bis hellgrüner Farbe.
Trotzdem ist reine Grassilage nur bedingt für Pferde geeignet. Der frühe Schnittzeitpunkt macht sie eiweißreich und arm an Strukturwerten, so daß sehr häufig Durchfälle auftreten, wenn die Pferde ihren Rauhfutterbedarf nicht zusätzlich durch Stroh decken können.

Das traditionelle Winterfutter im Pferdebereich ist das Heu. Genau wie bei der Silage ist eine einwandfreie Futterwerbung ausschlaggebend für gute Qualität. Doch die Lagerung ist schwieriger und aufwendiger, da Heu stets trocken und luftig liegen muß, damit es nicht nachträglich verdirbt. Außerdem ist Heu weniger lang haltbar und verliert rascher an Inhaltsstoffen, als es bei Silage der Fall ist.

Auf einen Blick

Wintervorräte
- **Heu**
  Futtermenge pro Tag: Ein Kilogramm pro 100 Kilogramm Körpergewicht entspricht etwa fünf Kilogramm pro Tag und Tier
- **Stroh**
  Futtermenge pro Tag: Ein Kilogramm pro 100 Kilogramm Körpergewicht entspricht etwa vier bis fünf Kilogramm pro Tag und Tier

Da sowohl Preß- als auch Rundballen in sehr unterschiedlicher Größe angefertigt werden, empfiehlt es sich unbedingt, einige zu wiegen um herauszufinden, ob der Wintervorrat ausreicht oder nicht. Auch die Grasproduktion schwankt erheblich je nach Witterungsverhältnissen, Düngung und Bewuchsdichte, weshalb hier keine Richtwerte angegeben werden.

Heu entsteht im Gegensatz zu Silage durch den Vorgang der Trocknung, also durch Wasserentzug. Dies übernehmen keine Mikroorganismen, sondern man setzt das geschnittene Gras der Sonne aus.
Durch die Trocknung geht jedoch auch ein Teil der Inhaltsstoffe verloren, be-

Tabelle: Heubeurteilung (nach L. Ahlswede)

optimales Heu:
Farbe: frisch-grün
Geruch: frisch, angenehm aromatisch
Griff: rauh, trocken
Verunreinigungen: kaum, keine Staubentwicklung
notwendige Ergänzung: mit dem Jahreswechsel Beta-Carotin oder Vitamin A

gutes Heu:
Farbe: blaß grün oder beim 2. Schnitt frisch grün
Geruch: kaum Aroma, aber nicht unangenehm; 2. Schnitt angenehmes Aroma
Griff: rauh, trocken oder zweiter Schnitt: weich, trocken
Verunreinigungen: kaum, zunächst keine Staubentwicklung; mit fortschreitender Lagerung
                etwas mehr; oder zweiter Schnitt: keine Verunreinigungen
notwendige Ergänzung: mit dem Jahreswechsel Beta-Carotin oder Vitamin A; insgesamt
                mit nicht optimalen Nährstoffgehalten rechnen; zweiter Schnitt: vorzugsweise
                an Absatzfohlen, sonst mit Stroh ergänzen

mittelmäßiges Heu:
Farbe: blaß bis grau-braun
Geruch: ohne Aroma
Griff: sperrig, trocken bis klamm
Verunreinigungen: ständig geringer Staubanteil
notwendige Ergänzung: Beta-Carotin oder Vitamin A geringer Futterwert; hoher Rohfa-
                seranteil.
                Nicht an Absetzer und Leistungspferde verfüttern, für andere Pferde anfeuchten!

mangelhaftes Heu:
Farbe: braun bis schwarz-braun
Geruch: brandig, muffig, faulig
Griff: je nach Schnittzeitpunkt weich, rauh oder sperrig, dabei klamm
Verunreinigungen: hohe Staubbelastung
                Pferden nicht mehr anbieten!

sonders bei einer langen Trocknungsdauer bei ungünstiger Wetterlage, und mit längerer Lagerzeit sinkt der Futterwert des Heus deutlich. Auch der Vitamingehalt, zum Beispiel das Carotin, sinkt stark und muß deshalb durch Gaben an Zusatzfutter ausgeglichen werden.

Sehr gut im Pferdebereich bewährt hat sich eine Zwischenform zwischen Heu und Silage, die sogenannte Heulage (Gärheu). Die Nährstoffverluste sind dabei verglichen zum Heu deutlich geringer und der Rohproteingehalt höher.

Die Verdaulichkeit der Heulage scheint gegenüber dem Heu für Pferde besser zu sein und einige Vitamine, wie zum Beispiel das Carotin, halten sich in der Heulage länger. Eine Futtermittelanalyse ist in jedem Fall anzuraten.

Die Produktion von Gärheu in Rund- oder Quaderballen ist erst in den letzten Jahren durch die verbesserten Rundballenpressen möglich geworden, die das Erntegut häckseln und in der Lage sind, es so stark zu verdichten, daß nur noch wenig Luft im Rundballen zurückbleibt. Gär- oder Feuchtheu wird ähnlich der

Silage durch die Folie konserviert. Gewarnt werden muß in diesem Zusammenhang vor „Pseudosilagen", die zu trocken zum Silieren und zu feucht als Heu sind. Diese erwärmen sich sehr rasch nach dem Öffnen, was zu einer erheblichen gesundheitlichen Gefährdung der Pferde führen kann. Auch findet man in solchen Ballen vermehrt Schimmelnester (insbesondere durch Verunreinigung oder unterschiedliche Struktur des Schnittgutes, z. B. durch Unkraut). Einwandfreies Gärheu dagegen ist ein vorzügliches Pferdefutter. In unserem eigenen Betrieb setzen wir es sehr erfolgreich in allen Bereichen der Pferdehaltung (Aufzucht, Reitpferde, Zuchtstuten) ein. Die Ballen halten sich während des Winters nach der Öffnung bei kühler Lagerung ca. zwei Wochen (im Sommer etwa eine Woche). Sobald der Geruch des geöffneten Ballen sich verändert (deutlich sauer) oder der Ballen warm wird, sollte er nicht mehr verfüttert werden. Bei einem Bestand von fünf bis sechs Großpferden reicht ein Rundballen (350–550 kg) etwa eine Woche, so daß die Rundballen endlich auch für kleinere Betriebe interessant werden. Die Wickelballen können durchaus im Freien gelagert werden, man sollte sie jedoch gegen Vögel mit einer zusätzlichen Plane schützen.

Der Einsatz von Heulage im Pferdebereich ist nur dann in Erwägung zu ziehen, wenn man über entsprechende Maschinen verfügt, die diese schweren Ballen überhaupt bewegen können. Kommerziell hergestellte, kleine Wickelballen stehen heutzutage noch in keinem Preisverhältnis zum herkömmlichen Heu. Darüberhinaus ist die Lagerung aufwendig, da auch bei diesen keinesfalls die Folie verletzt werden

darf. Man kann sie also weder auf den Ballenförderer werfen noch mit der Heugabel hochstechen. Wer auf Heulage-Rundballen verzichten muß, weil ihm Traktor und Ballengabel fehlen, der greift am besten auf das althergebrachte Wiesenheu zurück.

Achtung!

Wegen der bisher weitgehend ungeregelten Entsorgung der Stretchfolien hat es sich manchmal eingebürgert, diese zu verbrennen. **Ein solches Verfahren ist aus Umweltschutzgründen verboten!** Die Folien bestehen – vereinfacht dargestellt – aus Polyethylen, einem Kleber (der dafür sorgt, daß die einzelnen Lagen aneinander haften) und einem UV-Stabilisator. Das wertstoffliche Recycling dieser Folien wird aus Kostengründen zur Zeit so gut wie nicht betrieben (hohe Kosten für die Reinigung, technischer Aufwand usw). Deshalb müssen Silofolien auf der Mülldeponie entsorgt werden. Die Kosten für die Annahme der Folien schwanken sehr stark (weniger als 100 DM pro Tonne bis zu mehreren 100 DM pro Tonne). In gewissem Umfang können Stretchfolien über Verbrennungsanlagen thermisch genutzt werden, was teilweise in Zement- oder Stahlwerken praktiziert wird. Dabei wird auf eine bestimmte Temperatur geachtet, so daß relativ wenig Schadstoffe in die Luft gelangen. Bei einer Hausverbrennung werden jedoch weder entsprechende Temperaturen erreicht, noch kann ihre Stabilität gewährleistet werden, weshalb es zur Entwicklung einer ganzen Reihe umweltgefährdender Schadstoffe kommt.

Der richtige Schnittzeitpunkt

Nachdem die Vorarbeiten im Frühling (bedarfsgerechte Düngung, Schleppen, Absuchen nach größeren Steinen oder Ästen) abgeschlossen wurden, läßt man das Gras in Ruhe wachsen. Für die Heulage mäht man den Aufwuchs zum ersten Mal kurz vor der Gräserblüte, für Heu besser nach der Blüte. Während der Blüte zu schneiden ist gerade im Pferdebereich sehr ungünstig, weil man einen hohen Staub- und Pollenanteil mit einfährt. Wer früh schneidet, kann zwar häufiger ernten (bis zu vier Schnitte pro Jahr) riskiert aber einerseits, daß noch zu wenig Schnittgut vorhanden ist, andererseits, daß der Strukturanteil nicht hoch genug für Pferde ist. Traditionell wird für Pferde zweimal im Jahr geheut. Der erste Schnitt erfolgt im Juni, der zweite im August (Grummet, Öhmd). Der zweite Schnitt enthält dabei stets mehr Blattmasse sowie einen höheren Proteinanteil, hat aber weniger Strukturwert. Pollenallergiker bevorzugen ihn dennoch, weil das Grummet nicht mehr zur Blüte kommt. Nach dem Monat August reicht die Hitze der Sonne und die Tageslänge zumeist für eine Heuwerbung nicht mehr aus. Silage kann man jedoch auch noch im September machen.

Leider läßt sich der Schnittzeitpunkt nicht immer genau vorplanen, denn in der Praxis muß man hierzulande schneiden, wenn das Barometer auf Hoch zeigt. Wenn es also Zeit zum Heuen wird, sollte man sich den täglichen Wetterbericht nicht mehr entgehen lassen. Für die Heuwerbung müssen mindestens fünf schöne, heiße Tage angesetzt werden. Heulage geht schneller (etwa drei Tage), weil das Gras nicht so stark durchtrocknen muß. Im norddeutschen Raum empfiehlt es sich zu warten, bis sich ein starkes Hoch über England angesiedelt hat – dann ist mit Standwetter zu rechnen. Bis dahin gilt es zu warten, den Traktor zu betanken und die technischen Details zu überprüfen, das Mähwerk und den Heuwender abzuschmieren und auf ihre einwandfreie Funktion hin zu überprüfen (neue Messerklingen einsetzen, abgebrochene Zinken ersetzen usw). Außerdem sollte man sich dem Lohnunternehmer (Presse!) noch einmal in Erinnerung rufen.

Der Schnitt erfolgt am besten während des Vormittags, wenn Gras und Boden etwas abgetrocknet sind, aber der Tag noch lange genug ist, um das Anwelken zu gewährleisten. Bauen Sie das Mähwerk an den Traktor und stellen Sie es auf eine Schnitthöhe von etwa fünf Zentimeter ein. Bei frei zugänglichen Wiesen sollten Sie einen Wildretter verwenden oder das Gras nach Niederwild, Rehkitzen oder Katzen vor der Mahd absuchen. Eine andere Möglichkeit besteht darin, mehrere Gassen in die Wiese zu schneiden und die Stücke einzeln abzumähen.

Bereits am Vortag haben Sie das Mähwerk an den Traktor angeschlossen und auf die richtige Schnitthöhe eingestellt. Beginnen Sie bei eingezäunten Flächen folgendermaßen: Schneiden Sie zuerst den Zaun frei, indem Sie zwei Bahnen nebeneinander entgegen dem Urzeigersinn mähen. Danach wird der Rest der Fläche im Uhrzeigersinn von außen nach innen geschnitten. Fahren Sie in möglichst gleichmäßigem Tempo so, daß sich der Traktor immer auf dem bereits gemähten Stück befindet, weil das Mähwerk platt gefahrenes Gras schlecht erfaßt. Man fährt beim Mähen

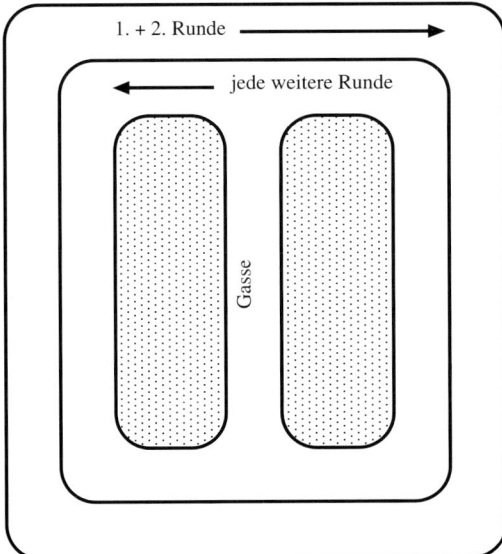

1. + 2. Runde

jede weitere Runde

Gasse

So mäht man eine Wiese
Um Wildtieren eine Fluchtmöglichkeit aus dem hohen Gras zu bieten, mäht man mehrere Gassen in die Wiese und schneidet ein Teilstück nach dem anderen.

langsam, aber mit hoher Drehzahl: Die Teller des Kreiselmähers müssen sich schnell genug drehen, um saubere Arbeit leisten zu können. Das ist der Fall, wenn an der Zapfwelle des Traktors etwa 540 Umdrehungen pro Minute erreicht werden, was am Traktometer abgelesen werden kann.

Das Gras fällt nach dem Schnitt mit dem Kreiselmähwerk nicht flächig zu Boden, sondern in einem dicken Schwad. Diesen kann man beim Fahren „zwischen die Reifen nehmen", damit das zukünftige Futter nicht durch die schweren Traktorreifen beschädigt und verunreinigt wird. So wird Runde für Runde das Gras gemäht. Wichtig ist, daß Sie das gesamte Stück ohne größere

Pausen in einem Arbeitsgang schneiden, weil man sonst zu unterschiedlichen Trocknungsergebnissen im Futter kommt. Danach kann man das Mähwerk abbauen, mit dem Hochdruckreiniger säubern und nach eventuellen Schäden untersuchen.

Bearbeitung des Schnittgutes

Die Bearbeitung von Heulage oder Heu erfolgt in analogen Arbeitsschritten. Es ist lediglich nötig, daß das Heu einen höheren Trocknungsgrad erreicht, weshalb es länger liegen und der Sonne ausgesetzt werden muß.

Nach dem Schnitt wird das Gras mit dem Wender ausgebreitet. Fahren Sie in gleichmäßigem Tempo und blicken Sie während der ersten Meter zurück, ob das Gras richtig hoch geworfen wird. Es sollte in einem leichten Bogen fliegen, aber nicht hochgeschleudert werden, weil sonst so – gerade an den Rändern – zuviel Futter verloren geht (es landet im oder jenseits des Zaunes). In den Kurven sollten Sie deshalb sehr vorsichtig fahren. Auch brechen angetrocknete Blätter und Halme leicht. Liegt alles Gras möglichst in gleichmäßiger Stärke, so läßt man es bis zum späten Nachmittag liegen.

Dann ist es Zeit, es wieder in eine Reihe (den Schwad) zusammenzuschlagen. Dazu benötigen Sie entweder ein anderes Gerät, den sogenannten Schwader, oder Sie müssen die Zinken des Kombigerätes umstellen. Zunächst ist es nötig, das Gras, das dicht am Zaun liegt, von diesem wieder weiter in die Arbeitsfläche hineinzuziehen, denn sonst kann der Schwader es nur schwer erfassen, und beim nächsten Ausbreiten des Heus geht noch mehr Futter verloren, weil es an den Rand oder über diesen hinweggeschleudert wird. Stellen Sie deshalb den Schwader auf Rechen ein (Gebrauchsanweisung!). Fahren Sie sehr vorsichtig, damit Sie mit dem Gerät nicht die Zaunpfosten streifen oder sich in eventuell vorhandenem Elektrozaun verfangen.

Anschließend wird das Gerät auf „Schwaden" gestellt (Gebrauchsanweisung!) und das angewelkte Gras in langen Reihen nebeneinander gelegt.

Am nächsten Morgen telefonieren Sie zunächst mit dem Fahrer der Presse und vereinbaren einen genauen Termin. Kümmern Sie sich auch um einen Lade-

wagen (besser zwei) und Helfer fürs Abladen und Packen, wenn Sie kleine Preßballen mit Heu herstellen wollen. Breiten Sie anschließend das Gras erneut aus. Wenden Sie es vorsichtig gegen Mittag und prüfen Sie mit der Hand den Trocknungsgrad. Bei heißem Wetter und nicht übermäßig dicken Lagen dürfte gegen Abend die Trocknung schon deutlich zu fühlen sein. An sehr heißen, langen Sommertagen muß eventuell für Heulage bereits dann gepreßt werden. Ansonsten wird das Schnittgut vor Einbruch der Dunkelheit (bevor der Tau hineinfallen kann) wieder zusammengeschlagen und anschließend die oben beschriebenen Arbeitsvorgänge solange wiederholt, bis der richtige Trocknungsgrad (bei Heu: 20 Prozent Wassergehalt) erreicht ist. Heu sollte sich demnach deutlich trocken anfühlen, Blätter und kleinere Halme bre-

Vor dem Pressen wird das Heu in Schwaden gelegt.

chen, wenn man sie in der Hand zusammendrückt. Außerdem riecht man den typischen Heugeruch. Bei günstigem Heuwetter sind dafür etwa drei bis vier Tage nötig. Je üppiger der Aufwuchs, je jünger das Gras und je weniger Sonne um so länger dauert es.

Heulage sollte sich vor dem Pressen seidig anfühlen, das heißt, das Schnittgut ist immer noch etwas feucht und die Halme brechen noch nicht, aber man kann trotzdem den typischen Heugeruch wahrnehmen.

Damit Heu oder Heulage maschinell ge-

Schritt für Schritt zum Winterfutter
- 1. Tag:
  morgens: Mahd, danach mit dem Heuwender ausbreiten
  Ballenpresse verständigen, eventuell Hilfskräfte organisieren
  abends: schwaden
- 2. Tag:
  morgens: mit dem Heuwender ausbreiten
  mittags: wenden
  abends: schwaden
- 3. Tag:
  morgens: Silage kann im Hochsommer bei gutem Wetter nun gepreßt werden; Heu nochmals ausbreiten
  mittags: Silageballen auf den endgültigen Lagerplatz zusammenfahren und auf der Stirnseite lagern, Heu nochmals wenden
  abends: Heu schwaden
- 4. Tag: Falls der richtige Trocknungsgrad erreicht ist, Schwad liegen lassen und mittags pressen, ansonsten noch einmal ausbreiten und vor dem abendlichen Taufall pressen lassen; umgehend die Ernte einbringen und locker in den Heuboden schichten.

Mein Tip

Heu über Gerüsttrocknung
Eine Alternative zur oben beschriebenen Bodentrocknung ist die sogenannte Gerüsttrocknung, wie sie vor allem im süddeutschen Raum früher üblich war. Das geschnittene Gras wird dabei auf Gerüste (Reuter oder Heinzen) gelegt. Man gewinnt dabei zwar sehr gutes Heu, da die Methode jedoch sehr arbeitsaufwendig ist, wird sie kaum mehr angewandt.

preßt werden kann, wird es wieder zu einem Schwad zusammengeschlagen. Dieser sollte etwas breiter und flacher, und in der Linienführung möglichst gerade sein. Beides erleichtert dem Fahrer der Presse die Arbeit. Da die modernen Maschinen sehr breit sind, sollte außerdem auf einen genügend großen Abstand vom Zaun geachtet werden. Heu, das zwischen den Reihen liegt, wird von der Presse nicht aufgenommen und geht verloren. Bei älteren Geräten kann es deshalb manchmal notwendig werden, per Hand das lose liegende Heu auf die

Reihen zu ziehen. Sehr alte Pressen, die hin und wieder zum Einsatz kommen, legen das Bund hinter sich ab, so daß man es per Hand auf einen Ladewagen werfen muß. In diesem Fall benötigt man mehrere Hilfskräfte bei der Ernte. Gängig sind heute jedoch Wurfballenpressen, die den fertigen Ballen in einen angehängten Ladewagen schleudern.

Wer über einen Traktor mit Heck- oder Frontlader verfügt, sowie über entsprechende Lagerkapazitäten, kann sich beim Heu auch für große Preßballen entscheiden. Durch die Möglichkeit des Maschineneinsatzes kann ein Mann oder eine Frau alleine die Ernte einbringen, ohne daß zusätzliche Helfer motiviert werden müssen. Rund- oder Quaderballen sind bei der Herstellung von Heulage oder Silage gängig. In diesem Fall wird das Erntegut, nachdem es von der Presse aufgerollt und sehr stark verdichtet wurde, in einem zweiten Arbeitsgang von einer anderen Maschine mit Stretchfolie luftdicht verschlossen (vier Lagen Folie bei Silage, sechs Lagen bei Heulage!). Anschließend kann man die Ballen vom Traktor mit Ballengabel zu seinem endgültigen Lagerplatz transportieren lassen. Wickelballen sollten nach der Ernte möglichst nicht mehr bewegt werden, keinesfalls jedoch solange der Gärvorgang noch nicht abgeschlossen ist. Wird beim Transport die Folie verletzt, so müssen die Löcher wieder verschlossen werden (Folie über das Loch ziehen und mit Paketklebeband abkleben).

Sachgemäße Lagerung

Da Heu nach der Ernte nachschwitzt, wäre ein loses Einfahren und Lagern das Beste. Da loses Heu jedoch sehr un-

In Folie verpackte Silageballen können gut im Freien lagern, sollten aber abgedeckt werden.

handlich ist und zu viel Platz benötigen würde, wird es wie oben beschrieben gepreßt und anschließend entweder auf den Heuboden gestapelt oder auf einem entsprechend präparierten Lagerplatz abgelegt. Wer Heu in kleinen Hochdruckballen gemacht hat, sollte diese nicht in einem allzu festen Verband lagern, sondern darauf achten, daß die Luft zirkulieren kann. Damit der Heustock jedoch einen gewissen Verbund bekommt, geht man folgendermaßen vor. Man legt die Ballen immer mit der flachen Seite ab, niemals hochkant. In der Aufsicht erscheinen sie nun rechteckig (zwei lange, zwei kurze Seiten).

Alle Bunde einer Schicht sollten möglichst in einer Richtung liegen, also zum Beispiel alle in Längsrichtung. Die Bunde der nächsten Schicht legt man im neunzig Grad Winkel dazu alle quer. Anschließend muß das Heu in Ruhe reifen.

Wichtig

Niemals frisches Heu verfüttern! Es muß erst sechs bis acht Wochen lagern um auszuschwitzen.

In den folgenden Tagen und Wochen müssen Sie regelmäßig die Temperatur kontrollieren, weil biochemische Prozesse ablaufen, die eine erhebliche Hitze verursachen, was bis zur Selbstentzündung führen kann. Je feuchter das Heu eingebracht wurde, um so größer ist die Gefahr. Bei geringfügiger Erhitzung genügt es, den Heustock umzulagern. Bei höheren Temperaturen sollte vorsorglich die Feuerwehr gerufen werden. Silagerundballen lagert man dagegen ebenerdig. Damit Mäuse oder Ratten nicht die Ballen von unten annagen

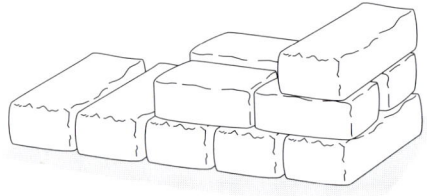

Heu richtig lagern
Kleine Heuballen werden so gelagert, daß die Luft dazwischen zirkulieren kann. Man legt die Ballen immer mit der flachen Seite ab, niemals hochkant. Die Bunde der nächsten Schicht legt man im Neunziggradwinkel zur vorherigen Schicht.

oder sich sogar einnisten, ist es am besten, man benutzt eine befestigte Fläche. Selbstverständlich kann man Wickelballen auch im Freien lagern, vorausgesetzt man kann die Stelle auch bei Nässe oder Glatteis leicht mit dem Traktor erreichen. Nichts ist schlimmer, als wenn man an das dringend benötigte Futter wegen widriger Witterung nicht herankommt. Man legt die Ballen jeweils auf die Stirnseite. Leider benötigt man hierfür jedoch eine hydraulische Zange. Da nicht jeder über so ein Spezialgerät verfügt, sieht man sie sehr oft auf der runden Seite liegen. Es ist möglich, wenn nicht genug Platz vorhanden ist, sie in zwei oder drei Reihen übereinander zu stapeln, wobei die oberen Ballen jeweils auf Lücke liegen. Normalerweise rutschen die unteren Ballen wegen ihres hohen Eigengewichtes nicht weg. Wer jedoch auf Nummer Sicher gehen will, kann nach dem Stapeln Kanthölzer oder Autoreifen als Keile unterlegen. Zuletzt sollte man eine weitere Folie über die Rundballen legen, um zu verhindern, daß Vögel die Ballen anpicken. Der Siliervorgang ist nach etwa 30 Tagen abgeschlossen. Danach können die Ballen verfüttert werden. Achten Sie jedoch darauf, wie die Pferde die frische Charge vertragen und verfüttern Sie zunächst kleinere Mengen. Die Qualität der einzelnen Ballen kann sehr stark schwanken, und auch die Dauer des Siliervorganges ist oft recht unterschiedlich. Nach der Ernte und nach Abschluß des Reifeprozesses sollte in jedem Fall eine Futterprobe entnommen und zur Untersuchung ins Labor geschickt werden. Nur wenn man genau weiß, was und wieviele Nährstoffe im Grundfutter enthalten sind, kann man bedarfsgerecht füttern.

Winterruhe

Zwischen Ende September und Anfang Dezember endet die Weideperiode für unsere Pferde. Die letzten Grasbestände sind abgefressen, und die Vegetation begibt sich in den Winterschlaf. Vegetationsruhe nennt man diese Zeit, in der der Frost die Pflanzen in die Winterpause zwingt. Doch so leblos wie unsere Weiden durch das glatte weiße Schneehemd oft erscheinen, ist das Grünland gar nicht. Geschützt unter der Schneedecke leben nicht nur diverse Nager, sondern oftmals beginnt schon ab Februar die Vegetation sich wieder zu regen, so daß man oft erstaunt ist, wenn sich nach dem Abschmelzen die Wiese schon wieder in zartem Grün zeigt.

Pferde fühlen sich auch im Winter draußen wohl, doch der Weide zuliebe muß der Boden fest gefroren sein.

Der Weideabtrieb

Ähnlich wie beim Weideaustrieb gibt es für den Weideabtrieb eigentlich keinen festen Kalendertag. Sicher spielt das Wetter eine große Rolle bei der Entscheidung, wann die Stallperiode über unsere Pferde hereinbricht. Keinesfalls jedoch braucht man zu befürchten, daß es den Vierbeinern eventuell dort draußen zu kalt werden könnte. Vorausgesetzt, es ist eine Schutzhütte vorhanden, und bei bedarfsgerechter Fütterung trotzen die Pferde mühelos selbst starken Frösten. Der Weideabtrieb dient im Grunde eher dem Schutz der Pflanzen, als dem der Pferde.

Das Ende der Weidesaison

Wer im Herbst seine Pferde rechtzeitig von der Wiese holt, der legt den Grundstein für einen kräftigen Neuaustrieb im nächsten Frühjahr. Deshalb sollte man stets darauf achten, daß die Gräser vor den ersten Frösten noch einmal die Chance bekommen, Kräfte für diese Zeit zu sammeln. Ausgelaugte Grasnarben fallen insbesondere in trockenkalten Wintern leicht dem Frost zum Opfer. Im kommenden Frühjahr treten die Auswinterungsschäden als braun verfärbte Flächen, die nicht mehr austreiben, zu Tage. Andererseits darf das Gras bei Winterbeginn auch nicht zu hoch stehen, denn der erfrorene Aufwuchs legt sich wie ein filziger Überzug auf den Boden, der den jungen Gräsern im Frühjahr Licht und Luft raubt. Es gilt also, den Mittelweg zu finden.

Da das Gras bis in den Oktober hinein noch immer etwas nachwächst, ist es sinnvoll, die Pferde etwa Mitte September von der Weide zu nehmen. Somit hat der Bewuchs noch Zeit, die optimale Durchschnittslänge von fünf Zentimetern zu erreichen.

Eine Weideperiode bis in den September hinein ist dann möglich, wenn der Boden zu diesem Zeitpunkt noch fest ist, das heißt, keine anhaltende Regenperioden aufgetreten sind. Gerade im Herbst werden mit zunehmender Durchfeuchtung der Oberfläche durch den Tritt der Pferde sehr starke Schäden angerichtet. Da die Vegetation nur noch mäßig wächst, schließen sich die Löcher in der Grasnarbe nicht mehr. Im kommenden Frühjahr haben sich Weideunkräuter in diesen Stellen angesiedelt, die man anschließend wieder mühevoll bekämpfen muß. Hat man dagegen eine an sich bereits sehr stark verunkrautete Weide, bei der man schon an Neuansaat gedacht hat, kann man sich diesen Effekt andererseits zu Nutze machen, denn auch die Unkräuter leiden – wie die Gräser – stark unter den Trittverletzungen der Pferde. Im Frühjahr bringt man anschließend eine gute Reparatursaatmischung auf die Flächen aus und läßt sie ruhen.

Winterweide: ja oder nein?

Grundsätzlich ist es für die Pferde natürlich ideal, wenn ihnen auch im Winter größere Flächen als Auslauf zur Verfügung stehen. Jedoch darf man die Verletzung der Grasnarbe durch den Tritt, Infektion mit Wurmlarven, sowie Witterungsproblematik in der Pferdehaltung (naßkalte Perioden!) nicht unterschätzen. Gerade im Winter hat eine Wiese keinerlei Chance sich zu regenerieren und ist gleichzeitig durch den höheren Grad an Durchfeuchtung sehr viel anfälliger als während der Sommermonate. Man muß also damit rechnen, daß die Grasnarbe im Frühjahr völlig zerstört ist und die Weide sich in einen Sturzacker verwandelt hat. Am ehesten übersteht eine Weide – ohne allzugroße Schäden – dies noch bei kleinen, leichten Ponyrassen, wie zum Beispiel Shetlands, Welsh Mountain oder Exmoor-

Ein Isländer im Winterpelz, da kann es richtig kalt werden.

ponys. Je größer, schwerer und lebhafter die Pferde werden, um so gravierender werden die Verletzungen an der Grasnarbe ausfallen.

Eine Alternative ist ein Abkommen mit ansässigen Landwirten. Fast überall ist es üblich geworden, die Felder nach der Ernte nicht mehr brach liegen zu lassen, sondern eine Zwischenfrucht anzubauen, die dazu dient, der Erosion vorzubeugen und die im Frühjahr als Gründünger untergepflügt wird. Gegen entsprechende Bezahlung kann man die Landwirte bitten, einjähriges Weidegras einzusähen und diese Fläche den Winter über nutzen zu dürfen. Dieses Verfahren hat darüberhinaus den Vorteil, daß man die Pferde im Winter auf einer „sauberen" (nicht durch Wurmeier bzw. Larven verseuchten) Fläche stehen hat und auch die eigenen Wiesen nicht weiter belastet werden. In strengen Wintern mit hart gefrorener Bodenoberfläche spricht nur wenig dagegen, die Pferde auf die Wiese zu lassen. Im Gegenteil: dies entspricht den ursprünglichen Lebensverhältnissen unserer Pferde, die in freier Wildbahn den größten Teil des Tages mit Futtersuche zubringen würden. Zu bedenken ist lediglich, daß diese selbstverständlich weiterhin nach Gras suchen werden. Nicht jeder Pferdemagen verträgt jedoch das angefrorene Gras. Übrigens hält auch eine höhere Schneedecke die Pferde nicht von der Futtersuche ab. Da jedoch meistens das noch stehende Gras sowieso erfrieren würde, spielt ökonomisch gesehen dieser Verlust zumindest bis zum Februar keine große Rolle. Gute Winterweiden in milderer Lage enthalten im übrigen durchaus Nährwert, was bei der Kalkulation der Futterration berücksichtigt werden sollte.

Mein Tip

Die Weide im Spätwinter

Ab Februar ist damit zu rechnen, daß das Gras unter der schützenden Schneedecke schon wieder wächst.

Spätestens ab März beginnt der Boden durch die wärmere Sonne über Mittag anzutauen. Um Schäden in der Grasnarbe zu vermeiden und den Verbiß des ersten Austriebes zu verhindern, muß man die Pferde wieder von der Weide nehmen. Andernfalls zögert sich der Weideaustrieb stark hinaus.

Pflegemaßnahmen

So wie der Gärtner seinen Hausgarten winterfest macht, muß auch auf der Pferdeweide noch einiges nach dem Weideabtrieb geschehen. Kleinere Wiesen sollten mit Schubkarre und Stallboy von Mist gesäubert werden. Größere, maschinell zu bearbeitende Weiden werden gründlich abgeschleppt, und man gönnt ihnen möglichst eine Kur mit dem Wiesenstriegel. Sind starke Trittschäden entstanden, kann man sie mit der Wiesenwalze beseitigen, was nur bei wirklich schwerwiegenderen Schäden nötig ist, da die frostbedingten Quellvorgänge geringere Unebenheiten ausgleichen.

Da durch die Beweidung im Sommer Geilstellen entstanden sind, die nicht mehr abgefressen wurden und jetzt im Herbst deutlich höher stehen als der restliche Grasbestand, wird es nötig nachzumähen, denn das Gras sollte mit einer einheitlichen Länge von etwa fünf Zentimetern in den Winter gehen. Zum letzten Mal wird deshalb der Kreiselmäher an den Traktor angehängt oder die Sense aus der Werkstatt geholt. Doch diesmal kann man leider das Schnittgut nicht mehr verfüttern, sondern muß es abfahren und auf den Misthaufen werfen.

Mein Tip

Nachsaat im Spätherbst?

Auch wenn nach der Mahd größere Ausfallstellen hervortreten, ist eine Nachsaat zu diesem Zeitpunkt nicht mehr sinnvoll, da die Vegetationsperiode bereits weitgehend abgeschlossen ist. Die Samen würden keine Chance mehr bekommen zu keimen oder als Jungpflanzen zu gedeihen. Auch eine chemische Unkrautbekämpfung ist aus denselben Gründen nicht mehr möglich. Dagegen kann man durchaus – bei geringerem Befall – mit dem Spaten zum Beispiel Ampfer oder Disteln ausstechen.

Anschließend werden Weideunterstand und Zaun winterfest gemacht.
Fixieren Sie in ersterem die losgeschlagenen oder morschen Bretter und schlagen Sie vorstehende Nägel krumm oder ziehen Sie diese heraus. Auch eine Überholung des Schutzanstriches kann an wärmeren, trockenen, frostfreien Herbsttagen geschehen. Überprüfen Sie, ob die Dachabdeckung noch fest sitzt, denn es sind Herbststürme zu erwarten, die an losen Wellpappen oder Dachziegeln rütteln. Wird der Weideunterstand im Winter nicht gebraucht, kann man anschließend entweder Maschinen oder kleinere Rauhfutterbestände (Stroh) dort zwischenlagern. Allerdings sollte in diesem Fall alles regendicht sein, und man schützt am besten die Futterbestände mit einer Silofolie gegen den Schlagregen.

Der Holzweidezaun wird ebenfalls mit einem frischen Schutzanstrich versehen sowie morsche Pfosten ersetzt. Im Frühjahr ist nämlich meistens für diese Arbeiten keine Zeit. Lediglich Kunststoffzäune sollten besser im Frühjahr auf Vordermann gebracht werden, um eventuelle Frostschäden auszubessern. Elektrofestzaun oder Gummibandzäune müssen im Winter entspannt werden, da sonst im weicher werdenden Untergrund die tragenden Eckpfosten nachgeben und im Frühjahr schräg stehen. Ersetzen Sie auch hier morsche Pfosten (insbesondere auf Höhe der Erdoberfläche nachprüfen!). Elektroinnenzäune, die mit Abstandhaltern oder mit separaten mobilen Pfosten angebracht wurden, sollte man einrollen, waschen und im Winter frostfrei (zum Beispiel in der Werkstatt) lagern. Die mobilen Pfosten werden eingesammelt, schadhafte Pfosten ausrangiert und die restlichen ebenfalls frostfrei eingewintert.

Danach ist die Weideperiode beendet, und man kann gemeinsam mit Pferden und Natur zur Ruhe kommen, um dann im März in die neue „Grüne Saison" zu starten.

Ein Stückchen Natur besitzen . . .

Der Traum vieler Pferdebesitzer ist es, ungestört das eigene Pferd inmitten einer Landschaft halten zu können, die sich im Gleichgewicht befindet. Doch für die Natur ist es eng geworden in den Industrienationen, und es wird täglich enger: Wo gestern noch ein unbefestigter Feldweg an Wiesen und Feldern vorbeiführte, schaffen heute die Bagger Platz für Reihenhaussiedlungen. Folgten früher weiche Waldwege den in Jahrhunderten bewährten Triften, so durchzieht jetzt ein Netz asphaltierter oder geschotterter Straßen den Forst, um die schweren Maschinen auf dem kürzesten Weg an Ort und Stelle zu bringen. Während die alljährlichen Überschwemmungen im Frühjahr in den natürlichen Zyklus einer Auenlandschaft gehörte, findet sich unter den eingeengten und befestigten Wasserstraßen kaum mehr eine, deren Ufer nicht ein Kraftwerk ziert. Auch die kleinbäuerlichen Betriebe mußten weichen. Sie sind in den harten Zeiten europäischer Einigkeit einfach nicht mehr rentabel genug. Das ist der Preis, den wir für unseren Wohlstand und unsere gestiegenen Lebensansprüche bezahlen.

Für den Pferdebesitzer, der sich zum Kauf oder zur Pacht einer Weide entschlossen hat, stellt sich die Frage nach der Rentabilität nicht. Er wird in aller Regel nicht durch wirtschaftliche Sachzwänge bestimmt. Der Wert seiner Wiese wird nicht darin bemessen, wie viel und wie oft er pro Jahr ernten kann. Der Grund, weshalb er eine Weide erwirbt, war einzig und allein der Wunsch, den Pferden eine artgerechtere Haltung zu gönnen sowie eine gesunde Grundlage für ihre Ernährung zu schaffen, damit diese sich zu robusten, leistungsbereiten und angenehmen Reitpartnern entwickeln. Somit gehören gerade die Pferdebesitzer in die kleine Gruppe der wenigen, die willens und fähig sind, das ihnen anvertraute Stückchen Natur „nur" zu nutzen, statt es auszunutzen. Sie sind sich durchaus darüber im Klaren, daß sie mit dem Kauf oder der Pacht einer Wiese nicht einfach nur ein bißchen Grünland erworben haben, das sie nach Belieben schröpfen, sondern daß sie unser Landschaftsbild mitprägen können. Sie bereiten nicht nur ihren Mitmenschen Freude, die beim Sonntagnachmittagsspaziergang den Anblick friedlich grasender Pferde oder munter herumtollender Fohlen genießen, sondern sie sind bereit, Natur in ihrer ganzen Schönheit und Vielfalt zu erhalten. Freizeitpferdehalter sind deshalb aktive Naturschützer: Sie pflanzen Hecken und hochstämmige Obstbäume, sie räumen der Schleiereule und den Fledermäusen ein Plätzchen im Giebel der Scheune ein und sie verzichten vor allen Dingen bewußt auf den Präventiveinsatz von Herbiziden und Insektiziden.

Pferde besitzen heißt auch, mit der Natur verantwortlich umzugehen. Dann fühlt man sich als Reiter in Harmonie mit seiner Umwelt.

Extensiv genutzte Wiesen und Pferdeweiden stellen für viele Tiere und Pflanzen ein Rückzugsgebiet dar, in das sie sich vor der zunehmenden Zersiedlung der Landschaft, der Kommerzialisierung der Landwirtschaft und der Zerstörung von Lebensräumen durch die moderne Technik noch flüchten können. Gerade die Reiter, die nicht bereit sind, sich in staubige Reithallen verbannen zu lassen, kennen und schätzen den Wert der Natur: Sie sehen in ihrer Umgebung weder den Ort land- oder forstwirtschaftlicher Produktion noch ein überdimensioniertes Wildgehege. Sie suchen Ruhe und Erholung in einer abwechslungsreichen, naturbelassenen Landschaft und das gemeinsam mit einem Tier, das seit Menschengedenken ein Teil dieser Landschaft war – dem Pferd.

Der Arbeitskalender durch das Weidejahr

	Jan.	Feb.	März	April	Mai
Bodenprobe ziehen			▓	▓	
Striegeln		▓	▓		
Abschleppen			▓	▓	
Walzen			▓	▓	
Düngen				▓	▓
Mahd					▓
Nachmahd					▓
Saat				▓	▓
Nachsaat				▓	
Hecken pflanzen			▓	▓	
Hecken schneiden	▓	▓	▓		
chemische Unkrautbekämpfung				▓	▓
mechanische Unkrautbekämpfung			▓	▓	▓

Juni	Juli	Aug.	Sept.	Okt.	Nov.	Dez.
▓	▓					
		▓	▓	▓		
	▓	▓				
▓	▓	▓				
▓		▓	▓			
		▓				
		▓	▓			
			▓	▓	▓	
				▓	▓	▓
▓	▓	▓	▓			
			▓	▓		

Anhang

Nützliche Adressen

Sächsische Landesanstalt für Landwirtschaft
Fachbereich Landwirtschaftliche Untersuchungen
Gustav-Kühn-Str. 8
04159 Leipzig
Tel.: 03 41/9 17 42 45

Landwirtschaftliche Untersuchungs- und Forschungsanstalt
Schiepziger Str. 29
06120 Halle
Tel.: 03 45/5 58 41 00

Abteilung Untersuchungswesen für Landwirtschaft, Ernährung und Umwelt/LUFA
Thüringer Landesanstalt für Landwirtschaft (TLL)
Naumburger-Str. 98
07743 Jena
Tel.: 0 36 41/68 34 34

Landwirtschaftliche Untersuchungs- und Forschungsanstalt
Templiner Str. 21
14473 Potsdam
Tel.: 03 31/2 32 62 40

Landwirtschaftliche Untersuchungs- und Forschungsanstalt
Graf-Lippe-Str. 1
18059 Rostock
Tel.: 03 81/2 03 07 10

Landwirtschaftliche Untersuchungs- und Forschungsanstalt
Gutenbergstr. 75–77
24116 Kiel
Tel.: 04 31/1 69 04 31

Landwirtschaftliche Untersuchungs- und Forschungsanstalt
Jägerstr. 23–27
26121 Oldenburg
Tel.: 04 41/80 18 20

Landwirtschaftliche Untersuchungs- und Forschungsanstalt
Finkenborner Weg 1 A
31787 Hameln
Tel.: 0 51 51/98 71 13

Hessische Landwirtschaftliche Versuchsanstalt
Am Versuchsfeld 13
34128 Kassel
Tel.: 05 61/9 88 81 81

Landwirtschaftliche Untersuchungs- und Forschungsanstalt
Nevinghoff 40
48147 Münster (Westfalen)
Tel.: 02 51/2 37 67 45

Landwirtschaftliche Untersuchungs- und Forschungsanstalt
Siebengebirgsstr. 200
53229 Bonn
Tel.: 02 28/43 42 00

Landwirtschaftliche Untersuchungs-
und Forschungsanstalt
Obere Langgasse 40
67346 Speyer
Tel.: 0 62 32/13 61 15

Landesanstalt für landwirtschaftliche
Chemie der Universität Hohenheim
Emil-Wolff-Straße 14
70599 Stuttgart
Tel.: 07 11/4 59 26 71

Staatliche Landwirtschaftliche Unter-
suchungs- und Forschungsanstalt
Augustenburg
Neßlerstr. 23
76227 Karlsruhe
Tel.: 07 21/9 46 81 00

Bayerische Hauptversuchsanstalt für
Landwirtschaft
Weihenstephan
85350 Freising
Tel.: 0 81 61/71 33 84

Sächsisches Staatsministerium für
Landwirtschaft, Ernährung und
Forsten
Albertstr. 10
01097 Dresden
Tel.: 03 51/56 40

Ministerium für Ernährung, Landwirtschaft und Forsten
Heinrich-Mann-Allee 103
14473 Potsdam
Tel.: 03 31/86 60

Ministerium für Landwirtschaft und
Naturschutz
Paulshöher Weg 1
19061 Schwerin
Tel.: 03 85/58 80

Landwirtschaftskammer Hamburg
Brennerhof 121
22113 Hamburg
040/78 12 91 20

Landwirtschaftskammer Schleswig-
Holstein
Holstenstr. 106–108
24103 Kiel
Tel.: 04 31/9 79 70

Landwirtschaftskammer Weser-Ems
Mars-La-Tour-Str. 1–13
26121 Oldenburg
Tel.: 04 41/80 10

Landwirtschaftskammer Bremen
Ellhornstr. 30
28195 Bremen
Tel.: 04 21/17 08 04

Landwirtschaftskammer Hannover
Johannssenstr. 10
30159 Hannover
Tel.: 05 11/3 66 50

Ministerium für Raumordnung, Landwirtschaft und Umwelt
Olvenstedterstr. 4–5
39108 Magdeburg
Tel.: 03 91/5 67 01

Landwirtschaftskammer Westfalen-
Lippe
Schorlemerstr. 26
48143 Münster
Tel.: 02 51/59 90

Landwirtschaftskammer Rheinland
Endenicher Allee 60
53115 Bonn
Tel.: 02 28/70 30

Landwirtschaftskammer Rheinland-
Pfalz
Burgenlandstr. 7
55543 Bad Kreuznach
Tel.: 06 71/79 30

Hessisches Ministerium des Innern und
für Landwirtschaft, Forsten und
Naturschutz
Friedrich-Ebert-Allee 12
65185 Wiesbaden
Tel.: 06 11/35 30

Landwirtschaftskammer für das
Saarland
Lessingstr. 12
66121 Saarbrücken
Tel.: 06 81/66 50 50

Ministerium für den ländlichen Raum
Kernerplatz 10
70182 Stuttgart
Tel.: 07 11/12 60

Bayerisches Staatsministerium für
Ernährung, Landwirtschaft und
Forsten
Ludwigstr. 2
80539 München
Tel.: 089/21 82 21 16

Zum Weiterlesen

AHLSWEDE, L.: Möglichkeiten der
praktischen Pferdefütterung, in: Hand-
buch Pferd, BLV 1992
AICHELE/SCHWEGLER: Unsere
Gräser, Kosmos 1991
BARTZ, J.: Kräuter-Apotheke für
Pferde, Kosmos 1996
BENDER, I.: Handbuch Offenstall-
haltung, Kosmos 1992
HOLLANDS, T.: Das Einmaleins der
Pferdefütterung, Kosmos 1997
MEYER, H.: Pferdefütterung, Paul
Parey 1992
PAGE SELF, H.: Kräuterheilkunde für
Pferde, Kosmos 1998
STRASBURGER: Lehrbuch der
Botanik, Gustav Fischer 1991
STUPPERICH, A.: Mit Hengsten
leben, Müller-Rüschlikon 1997
STUPPERICH, A. und A.: Do it your-
self in Stall und Weide, Kosmos 1996

Register

Erlebnis Pferde

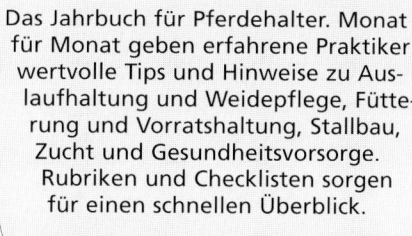

Das Jahrbuch für Pferdehalter. Monat für Monat geben erfahrene Praktiker wertvolle Tips und Hinweise zu Auslaufhaltung und Weidepflege, Fütterung und Vorratshaltung, Stallbau, Zucht und Gesundheitsvorsorge. Rubriken und Checklisten sorgen für einen schnellen Überblick.

175 Seiten
145 Abbildungen
ISBN 3-440-07382-3

Kräuter sind nicht nur für Menschen wichtig. Wer die Gesundheit seines Pferdes stabilisieren und es im Krankheitsfall durch Heilkräuter unterstützen möchte, findet in diesem Ratgeber alle praktischen Informationen: Kräuterportraits von A - Z, genaue Anleitungen zu Verwendung, Zubereitung und Dosierung.

ca. 176 Seiten
ca. 70 Abbildungen
ISBN 3-440-07466-8

kosmos

Bücher • Videos • CDs • Kalender

zu den Themen: Natur, Garten- und Zimmerpflanzen, Astronomie, Heimtiere, Pferde, Kinder- und Jugendbücher, Eisenbahn/Nutzfahrzeuge

Erlebnis Pferde

Alexandra und Andreas Stupperich

DO IT YOURSELF IN STALL UND WEIDE

Die praktische Werkstatt

Die Boxentür klemmt, die Tränke ist eingefroren... Der kleine Ratgeber mit den großen Ideen für den Hobby-Handwerker im Pferdestall und auf der Weide.
Grundwissen, Werkzeugkunde, Tips, Tricks und Anleitungen helfen, notwendige Reparaturen, Einrichtungen und Verschönerungen erfolgreich und geldsparend zu meistern.

102 Seiten, 90 Abbildungen
ISBN 3-440-07108-1

Teresa Hollands

DAS EINMALEINS DER PFERDE-FÜTTERUNG

● Futter beurteilen, einkaufen und lagern
● Gesunde und leistungsfähige Pferde
● Gestaltung und Pflege der Weide

Kosmos

Alles über die gesunde, ausgewogene Ernährung von Pferden – vom Nährstoffgehalt einzelner Futtermittel bis zur optimalen Futterration für Sportpferde, trächtige und säugende Stuten, Fohlen und Jungpferde.
Ein Ratgeber für Pferdehalter, die ihre Pferde nach dem neuesten Stand der Ernährungsforschung füttern wollen.

103 Seiten
72 Abbildungen
ISBN 3-440-07320-3

kosmos

Bücher • Videos • CDs • Kalender

zu den Themen: Natur, Garten- und Zimmerpflanzen, Astronomie, Heimtiere, Pferde, Kinder- und Jugendbücher, Eisenbahn/Nutzfahrzeuge